Le mariage gay

ÉDITIONS EYROLLES
61, bd Saint-Germain
75240 Paris Cedex 05
Consultez notre site :
www.editions-eyrolles.com

ISBN : 2-7081-3323-3

Thibaud Collin

Le mariage gay

Les enjeux d'une revendication

EYROLLES

Sommaire

« *Cherche donc ce qui épuise l'être,
l'en vain de l'incessant, le répétitif
de l'interminable par où il n'y a
peut-être plus lieu de distinguer
entre être et ne pas être, vérité et
erreur, mort et vie.* »

MAURICE BLANCHOT,
L'écriture du désastre

AVANT-PROPOS

Deux événements de l'année 2004 ont largement contribué à mettre la question gay au cœur de l'actualité française. Un homosexuel brûlé parce qu'homosexuel ; un maire sanctionné pour avoir transgressé le Code civil en célébrant le premier mariage entre deux hommes. Le rapprochement de ces deux faits peut étonner. Comment mettre sur le même plan l'agression sauvage qu'une victime subit, et la promotion d'un présidentiable qui réussit un bon coup politique ? Ces deux faits ont pourtant été médiatisés comme étant révélateurs de l'homophobie latente de la société actuelle.

Dans cette lutte contre l'homophobie, une revendication a été exprimée : que le mariage et la parentalité soient ouverts à deux individus de même sexe. La question est donc posée : le peuple français va-t-il oui ou non accéder à cette demande ? Le but de cet essai est de l'aider à choisir en participant au décryptage de la revendication gay. Par décrypter, nous entendons répondre aux questions suivantes : sur quels arguments repose une telle revendication ? Quels principes sont invoqués pour critiquer la manière dont l'immense majorité de nos concitoyens comprend et vit sa sexualité ? Enfin, à quelles justifications et positions concrètes conduisent ces mêmes principes ?

Nous pensons qu'il existe aujourd'hui un malentendu entre le lobby gay et la société française. La revendication gay tend à culpabiliser le sens commun et, par là, à le renverser. Ainsi aujourd'hui, si Théo annonce son mariage à ses collègues de travail, ils ne leur viendraient pas à l'esprit de lui faire préciser s'il se marie avec... une *femme*. Dans dix ans, il est probable que cette étape préalable soit habituelle. Ce qui jusqu'alors allait sans dire, n'ira plus de soi. Le sens du mot mariage aura tout simplement changé : une banale affaire de mot ? Mais justement, dans cette affaire, les mots sont essentiels. Nous chercherons donc à retraduire clairement le travail de subversion que le lobby gay effectue subrepticement dans la langue commune. Un grand nombre de nos concitoyens ne perçoit, en effet, dans cette revendication qu'une étape supplémentaire de la lutte démocratique contre l'injustice et les préjugés de l'obscurantisme, dans la continuité de celle engagée contre le racisme. Nous nous proposons de critiquer cette critique pour montrer que les préjugés ne se trouvent pas là où le lobby gay veut nous le faire croire.

1

LE DÉBAT EST-IL POSSIBLE ?

Cet essai ne porte ni sur l'homosexualité, ni sur le mariage ; il y sera pourtant question du « mariage gay ». C'est-à-dire ? Au sens strict, ce n'est qu'une association de mots, inventée et promue par un groupe d'intellectuels et d'hommes politiques. Leur objectif est que cette expression signifie dans un futur proche une réalité juridique et sociale. Pour l'instant elle n'est signe que d'un désir ; c'est un programme, ou plutôt un slogan, disponible pour les couvertures de magazines. Cette revendication a donc déferlé depuis quelques mois sur la société française, qui est sommée de faire un choix, pour ou contre l'ouverture du mariage civil aux homosexuels.

La revendication du mariage

Il faut distinguer trois sens possibles à l'association des mots « mariage » et « homosexuel »[1]. Soit on entend par là le mariage d'un homosexuel avec une

---

1. Article « mariage », *Dictionnaire de l'homophobie,* Louis-Georges TIN (dir.), Paris, PUF, 2003.

personne de sexe opposé ; ce n'est évidemment pas le sujet. Soit, un statut juridique spécifique aux personnes de même sexe voulant s'unir. C'est ce qui, par exemple, existe déjà en Norvège ou ce qu'Irène Théry avait proposé au moment des débats sur le PaCS (contrat de vie couple)[1]. Soit enfin, le fait que le mariage civil tel qu'il existe actuellement en France ne renvoie plus implicitement au sexe des contractants (homme-femme) et soit ainsi ouvert à des individus de même sexe. C'est l'objet de la revendication actuelle. Il faudra s'interroger sur les enjeux liés à ces deux dernières solutions et réfléchir sur les raisons qui ont poussé ses promoteurs à revendiquer la dernière d'entre elles.

Une telle revendication semble ouvrir et rendre le débat inéluctable. Ce n'est qu'au terme du débat et grâce à lui que la société pourra, par le biais du législateur la représentant, effectuer son choix, c'est-à-dire répondre à la question. Cependant le débat va-t-il avoir lieu et surtout *peut-il* avoir lieu ? Remarquons que le simple fait que le débat paraisse inéluctable est déjà une grande victoire pour ceux qui portent une telle revendication. Cela donne un statut de réalité au « mariage gay ». Les mots ont en eux-mêmes une certaine existence bien que parfois ils ne renvoient encore à aucune réalité. Dès qu'ils sont proférés, ils ont une efficacité sociale, produisent des effets qui eux sont bien réels et qui en retour peuvent donner l'illusion que ces mots sont là, incontournables ; qu'il faut bien faire avec... et avec la réalité qu'ils appellent irrésistiblement à l'existence à force de la signifier. On peut

---

1. « Le Contrat d'union sociale en question », *Esprit*, n° 10, octobre 1997.

aller jusqu'à dire que les mots produisent (socialement) ce qu'ils signifient. Les media sont évidemment au cœur de ce processus.

Ces derniers mois en France, l'utilisation que le lobby gay a fait des media a été particulièrement efficace. N'existe médiatiquement que ce qui est nouveau et qui fait l'événement. La décision par Noël Mamère de célébrer le 5 juin 2004 à Bègles un mariage unissant civilement deux hommes a permis de capter les réactions et ainsi de cristalliser la revendication du lobby sous une forme représentable. Cette provocation a eu un certain impact sur les esprits et a laissé des images symboliques. De plus, une telle décision s'est présentée comme la réponse à un appel, le « Manifeste pour l'égalité des droits », paru dans *le Monde* quelques semaines auparavant (17 mars 2004)[1]. Un tel appel a permis d'inscrire l'« événement » du 5 juin dans un corpus doctrinal auquel tous peuvent se référer pour évaluer le bien-fondé de la revendication. Tout semble donc agencé pour susciter un débat dans la société française. Pourtant il n'est pas sûr que le débat aura lieu.

Des conditions d'un débat

En effet, la revendication du « mariage gay » est-elle vraiment un appel au débat, est-elle apte à y conduire ? Elle est inscrite dans une dynamique pour l'égalité des droits, elle-même réponse à une situation sociale désignée comme étant homophobe. Dès lors, n'est-on pas *ipso facto* homophobe si l'on est contre le « mariage gay » ? Et débat-t-on avec

---

1.   Voir le texte en Annexe.

un homophobe ? Non, un homophobe, ça se dénonce, puis ça se rééduque. Si ça persévère, ça se condamne. Autrement dit, un débat suppose que chaque partie débattante reconnaisse la légitimité de celle avec qui elle fait exister cette œuvre commune qu'est le débat. Quel en est le but au sein d'une société politique ? C'est la détermination de ce qui est juste. Mais pour que le débat aboutisse, encore faut-il qu'il y ait un critère commun à partir duquel le partage des droits et des devoirs va pouvoir être fait.

Ainsi, par exemple, les sociétés occidentales ont connu un vif débat, ces dernières décennies, concernant la répartition des fruits de la croissance économique entre le capital et le travail. Mais cela a pu être politiquement et socialement viable car toutes les parties en présence étaient d'accord sur le critère : il s'agissait de répartir les fruits de la croissance en proportion de la participation de chacune à la création de la richesse nationale. Ainsi les syndicats et le patronat se divisaient et donc débattaient sur la détermination de la part de capital et de travail dans cette création, mais le débat était rendu possible par l'existence d'un principe de justice commun permettant précisément de trancher. Dès lors, s'il n'y a pas de critère commun, peut-on encore parler de débat ? Peut-il y avoir, en amont, un autre débat plus fondamental pour déterminer le critère de justice permettant de trancher ? L'histoire du vingtième siècle a été traversée et même structurée par de telles questions. L'affrontement entre les démocraties libérales et le nazisme puis le communisme est la manifestation que l'impossibilité de débattre à partir d'un critère de justice commun engendre la guerre, chaude ou froide. Seul le rapport de forces peut alors restaurer ce que le débat ne peut pas donner, un ordre commun partagé par tous.

La posture prise par le lobby gay est dans la continuité de la lutte contre le racisme. Or vais-je débattre avec le représentant d'un ordre raciste lorsque je suis moi-même opprimé par cet ordre ? Quand il y va de ma survie, je lutte, je ne débats pas. C'est donc bien à une lutte que le lobby gay convie. Comme le dit Michel Foucault en retournant la formule de Clausewitz, « la politique est la guerre poursuivie par d'autres moyens[1] ».

Certes, on ne se trouve pas, actuellement en France, à l'orée d'une guerre civile. Cependant, quel a été le théoricien qui a discerné l'état de guerre sous-jacent à ce qui apparaissait justement au bon sens (bourgeois !) comme une société en paix ? Marx bien sûr ! Dans cette optique, l'objectif principal et réaliste est de détruire les cadres de pensée et d'action qui, à l'insu même des individus, les orientent dans leur attitude et leur vision[2]. Selon cette conception, les tenants d'un ordre intrinsèquement injuste (le capitalisme bourgeois ou, pour le lobby gay, l'homophobie) sont eux-mêmes aliénés, déterminés par une matrice inconsciente qu'il faut extirper de gré ou de force. Leur parole est toujours déjà située dans un rapport de forces dont ils tirent bénéfice ; ils ne sont donc pas aptes à débattre, au sens strict. On voit ici à quel point, à l'orée du vingt-et-unième siècle, Marx reste le penseur de cette posture de radicalité qui a su déplacer l'attirail

---

1. *La Volonté de savoir*, Paris, Gallimard, 1976, p.123.
2. Un tel programme général est bien celui de Pierre Bourdieu. Il l'applique lui-même à la question gay (« Quelques questions sur le mouvement gay et lesbien », *La Domination masculine*, Paris, Seuil, 1998, p. 130).

critique visant le capitalisme et la bourgeoisie vers d'autres terrains de lutte.

Le lobby gay

Il s'agit d'acquérir des droits qui sont pour l'instant réservés à certains, considérés comme des privilégiés aliénant une minorité. La victoire peut passer tout d'abord par la culpabilisation de ces « citoyens-privilégiés » accusés d'accaparer égoïstement des droits au détriment d'une minorité de « citoyens-exclus ». Le but d'une telle opération est de retourner progressivement le sens commun. Pour ce faire, il suffit qu'au sein de cette minorité quelques individus « éclairés » travaillent à dénoncer le dit « sens commun » comme un énorme préjugé. Ces individus « éclairés » constituent le lobby gay. Nous chercherons à décrypter sa stratégie et sa revendication.

Mais en utilisant ce mot de « lobby », ne sommes-nous pas coupables d'homophobie ? C'est l'avis de la journaliste Caroline Fourest, qui a rédigé un article sur le « lobby » dans *Le Dictionnaire de l'homophobie* : « Comme l'argument du ghetto, l'imputation de lobbying fonctionne sur l'idée que les associations gays et lesbiennes fonctionneraient sur la base du communautarisme. En revanche, contrairement à l'argument du ghetto, il s'agit également de désigner le mouvement gai et lesbien comme un groupe d'intérêt dont les revendications se feraient au détriment de l'intérêt général, une nébuleuse faisant du prosélytisme, qui vise à influencer la société française[1]. » Caroline Fourest fait l'analogie entre la dénonciation du lobby gay et

---

1. *Op. cit.*, p. 270.

celle du lobby juif ou franc-maçon, en les renvoyant toutes à la rhétorique du complot. Tous ceux qui utilisent le mot « lobby » sont donc des réactionnaires. L'usage du mot « lobby » disqualifie un discours qui devient *ipso facto* un délire fasciste et… homophobe.

Cependant, quelques lignes plus bas, notre auteur oubliant sa stigmatisation s'empresse de dénoncer le seul et unique, le *véritable* lobby, le lobby « pro-vie », dont elle est d'ailleurs une des spécialistes sur la place de Paris. Elle énumère « les moyens matériels gigantesques » mis en œuvre par ce lobby lors du débat sur le PaCS en 1998-1999. Elle en tire deux conclusions. Si le projet du PaCS a été voté malgré l'inexistence d'un lobby gay et l'omniprésence du lobby « pro-vie », c'est que ce projet a été porté par « une solidarité populaire qui a dérouté les politiques les plus réticents ». Autrement dit, les gays vont dans le sens de l'histoire, et c'est ainsi qu'ils obtiennent un soutien quasi immédiat ; pas besoin de lobby occulte et comploteur travaillant en sous-main. C'est bien connu : les faiseurs de complot sont des rétrogrades qui refusent les avancées démocratiques ! La deuxième conclusion est que, si l'on tient vraiment à parler de lobby gay, il faut savoir qu'il ne s'est constitué qu'en réponse à l'attaque du lobby « pro-vie ». Il s'est constitué pour défendre les justes intérêts d'une catégorie d'individus opprimés par le complot des forces catholiques. On découvre donc *in extremis*, soulagés, la présence d'un bon lobby. Ce qui, au début de l'article, était un signe d'homophobie devient, à la fin du même article, signe d'homophilie. La différence serait-elle l'intention dans laquelle le même mot est utilisé ?

Pour Caroline Fourest, la lutte des gays et des lesbiennes contre l'homophobie est évidemment bonne et donc toutes leurs initiatives sont nimbées de cette pureté d'intention. Le fait d'imputer aux initiatives gays le mot de « lobby » au sens habituel de « groupe d'intérêts faisant pression pour voir reconnus ces dits intérêts par l'ensemble de la société » n'est même pas envisageable par elle. Nous retrouverons cette incapacité à reconnaître une certaine neutralité des situations, des mots et des réalités. Le refus par le lobby gay de se reconnaître constitué en lobby laisse d'autant plus dubitatif que l'un de ses inspirateurs est Friedrich Nietzsche, pour qui tout dans le réel est rapport de forces et de lutte !

Le débat est-il malgré tout possible ? La lutte dans un système politique *démocratique* n'est-elle pas habituellement transposée et, par là, domestiquée dans le débat ? Certes, mais à condition qu'il existe un critère commun à l'aune duquel les différentes parties vont pouvoir s'entendre sur leur participation à l'œuvre commune de justice. N'est-ce pas précisément le cas ici, puisque cette revendication est traduite politiquement dans les règles de la démocratie représentative, une proposition de loi devant être déposée prochainement au Parlement ?

La difficulté de la situation actuelle tient au fait que nous sommes appelés, comme citoyens, à statuer sur une dimension de notre identité qui est antérieure à la sphère politique. Il est dès lors difficile de constituer la question posée en objet de débat politique. Et si c'est le cas, cette constitution est déjà une orientation vers la manière dont la question sera réglée : une victoire pour le lobby gay.

L'extension du champ politique

L'enjeu de la revendication est de soumettre à la sphère politique ce qui auparavant semblait lui être soustrait puisque lui étant une sorte de pré-requis : le mariage unit un homme et une femme. Il est le cadre de la procréation et de l'éducation des enfants, fruits de cette union. En exigeant un débat sur un thème présenté en termes démocratiques (l'égalité des droits), le lobby tente de repousser les limites du politique. Il politise ce qui était vécu jusqu'alors comme une évidence, par définition non dite et non argumentée.

Mais si *tout est politique*, si tout peut être soumis à la discussion démocratique, une société peut-elle encore se déterminer en commun ? Dans ce cas, en effet, le fait politique ne repose plus sur rien de pré-politique qui le rend possible et le féconde. Seuls les totalitarismes du vingtième siècle ont cherché à *tout* soumettre au politique, c'est-à-dire, en fait, à leur idéologie de l'« homme nouveau » à façonner. Même Rousseau, qui pourtant étend au maximum le champ politique, présuppose au contrat social un état de nature dans lequel l'activité sexuelle fait exister les individus pouvant passer un contrat. Une continuelle discussion sur les règles du jeu empêche de jouer. S'il n'y a pas de préalable au politique, celui-ci devient la guerre de tous contre tous. Une certaine conception de la lutte contre *toute* discrimination, préalablement identifiée, à tort, à toute différence dans l'ordre humain, conduit à la même situation conflictuelle. On ne cherche alors qu'à se libérer de ce qui apparaît comme une aliénation. Que l'on ne s'y trompe pas, la revendication gay est davantage une dynamique révolutionnaire qu'une simple rubrique d'un programme réformiste ! Ce n'est pas sa moindre habileté que de se présenter dans le langage démocratique alors même qu'elle vise à transformer les conditions d'existence de tout régime politique, y compris démocratique.

Si le débat n'est pas possible, pourquoi publier cet essai ? Nous voulons montrer l'idéologie qui soutient ce « Manifeste pour l'égalité des droits » et attirer l'attention sur ce qu'impliquent ces principes. Comme le souligne Marcel Gauchet[1], la connaissance que le corps social a de lui-même doit être au service de son propre gouvernement. Cette conscience de soi doit tendre à une meilleure prise sur soi. Un tel dispositif peut pécher soit par déficit de volonté politique, soit par incompréhension des réels enjeux auxquels la société a à faire face. Or la « question gay » se présente à l'opinion comme un fruit mûr, fort attirant, qu'elle n'aurait qu'à recevoir comme l'aboutissement de sa propre histoire. D'où vient cette connivence ? Comment expliquer cette étrange proximité ? Ne serait-ce pas qu'à travers cette question gay, la société française peut se voir elle-même, façonnée par les profondes lignes de force qui la traversent depuis plusieurs décennies ?

Certes, la provocation de Noël Mamère a engendré de nombreuses réactions critiques, mais on relève la relative pauvreté rhétorique et doctrinale de ceux qui sont intervenus. Certains arguments entendus lors du débat sur le PaCS ont repris du service, et semblaient fatigués, usés. Comme si se

---

1. Par exemple « Quand les droits de l'homme deviennent une politique », *Le Débat*, n° 110, repris dans *La démocratie contre elle-même*, Paris, Gallimard, 2002, p. 381.

manifestait une lassitude face à la perméabilité de la société à la revendication gay. Nous chercherons à comprendre les raisons de cette profonde réceptivité au discours gay. Pour un observateur extérieur qui arriverait soudainement, cette réceptivité laisserait à penser qu'on est là simplement devant une demande presque anodine. Cette revendication est certes dans la continuité de certaines logiques de fond bien antérieures à elle, logiques qui semblent la légitimer au regard des exigences et des attentes sociales ; principalement le sens progressiste de l'histoire et le mouvement vers l'égalisation des conditions entre les individus, ce qui va de paire avec la croyance diffuse selon laquelle les sociétés modernes vont vers plus de bonheur et de justice, chaque nouveauté étant considérée comme un progrès. Mais elle est, en fait, plus profondément en rupture totale avec les principes sociaux qui demeuraient en deçà de ces évolutions, puisqu'elle tend à détruire la manière immémoriale dont les êtres humains ont compris et vécu leur sexualité. Le mariage gay est l'instrument choisi pour mettre à bas ce que le lobby définit comme l'hétérosexisme ou l'hétéronormativité. Voilà le véritable enjeu.

Continuité ou discontinuité ?

La réaction de Françoise Héritier, anthropologue au Collège de France, est révélatrice d'une tendance qui pourrait s'accentuer dans un futur proche. Lors des discussions sur le PaCS, elle déclarait : « Penser, c'est d'abord classer, classer, c'est d'abord discriminer, et la discrimination fondamentale est basée sur la différence des sexes. C'est un fait irréductible : on ne peut pas décréter que ces différences-là n'existent pas, ce sont des butoirs indépassables de la pensée, comme l'opposition du jour et de la nuit[1]. » Aujourd'hui, la même de dire : « Il y a des temps particuliers où ce qui est possible peut devenir réalisable. Là-dessus viennent se greffer des interdits sociaux qui rendent ces choses-là du domaine de l'impensable. Puis arrive le moment où, sous la pression des actions individuelles et d'un certain nombre de facteurs, ce qui a été jugé impensable devient pensable. Alors elles sont réalisables. En gros, c'est ce qui est en train de se passer chez nous[2]. » Ce texte dégage l'impression que, puisque même l'impensable peut devenir réalisable, tout est ultimement possible à celui qui sait attendre. On a là un bon exemple de l'activation d'une logique sous-jacente, ici le progressisme, au profit du discours gay. Une telle réaction, révélatrice d'une attitude intellectuelle et politique, peut causer un certain désarroi chez ceux qui cherchent à persévérer dans leur refus. Que l'on se rappelle la manière dont on se gaussait de ceux qui prédisaient que le PaCS annonçait le mariage gay et l'adoption « homoparentale » ! De tels discours étaient taxés de délires causés par une angoisse homophobe, signe d'un fondamentalisme incapable de saisir l'esprit réformiste d'une telle avancée.

Épousant la logique progressiste, la revendication gay peut ainsi fustiger toute critique comme étant le signe d'un esprit emprunt de conservatisme, par principe frileux devant la nouveauté, incapable de s'adapter au monde tel qu'il va, enfermé et figé dans ses préjugés obscurantistes. Les propos de Françoise Héritier semblent indi-

---

1. *La Croix*, 9 novembre 1998, avec en titre une citation « Aucune société n'admet de parenté homosexuelle ».
2. *Libération*, 4 juin 2004.

quer que le nœud continuité-discontinuité profite au premier terme qui en vient à assumer le second. Ici le progressisme antérieur à la revendication gay et sur laquelle celle-ci « surfe » en vient à « prendre sur lui » ce qui apparaissait jusque-là à Françoise Héritier comme un élément évident de profonde discontinuité au regard de la science anthropologique. Nous verrons le même dispositif travailler la psychanalyse.

Dans le prolongement du PaCS, de nombreuses études épistémologiques ont été rendues publiques afin de faire vaciller le statut légitime du discours d'expertise sur la question gay[1]. Tout savoir est une forme de pouvoir historiquement située. Toute prétention à la neutralité objective permettant de saisir une constante de l'ordre social, est interprétée par le lobby comme une manœuvre de pouvoir qu'il est nécessaire de dévoiler parce qu'elle risque de passer inaperçue aux non-initiés, à ceux qui ne possèdent pas les outils critiques, bref, à ceux qui sont opprimés par ce même ordre social d'autant plus puissant que sa domination est impensée. Pour le lobby, ne demeurent alors que les analyses historiques et sociologiques, instruments d'une lutte politique. Nous retrouvons ce présupposé que tout est politique et que vouloir soustraire certains éléments du monde humain à la politique de l'égalité et de la reconnaissance est encore une décision politique, qu'il s'agit alors de dénoncer comme non démocratique. Il s'agit d'interroger les principes d'une telle attitude et d'en montrer l'inconsistance et la contra-

---

1. On trouvera le modèle et la synthèse d'une telle opération dans *Au-delà du PaCS, l'expertise familiale à l'épreuve de l'homosexualité*, D. BORILLO, É. FASSIN et M. IACUB (dir.), Paris, PUF, 1999

diction interne. Analysons maintenant le texte central de la revendication gay en faveur du mariage et de l'adoption.

2

LE MANIFESTE POUR L'ÉGALITÉ DES DROITS

Signé par de nombreuses personnalités, le « Manifeste pour l'égalité des droits »[1] est un texte dont la lecture révèle une partie de la stratégie du lobby gay[2]. C'est aussi un exemple de la rhétorique grâce à laquelle la société française devient de plus en plus sensible à « la cause ».

Les deux sens du mot « homophobie »

Est tout d'abord rappelée l'agression dont a été victime Sébastien Nouchet, homosexuel brûlé au troisième degré quelques semaines auparavant, dans le Nord. Ce rappel mobilise immédiatement, et à juste

---

1. Publié dans *Le Monde* du 17 mars 2004. Rédigé par le philosophe Didier Eribon et le juriste Daniel Borillo. On compte parmi les signataires Jacques Derrida, Paul Veyne, Alain Touraine, mais aussi Pierre Bergé, Jean-Paul Gaultier et Noël Mamère entre autres. Voir le texte en annexe.
2. Les circonstances de la rédaction de ce texte sont rapportées par Daniel GARCIA, *La folle histoire du mariage gay*, Paris, Flammarion, 2004.

titre, l'indignation du lecteur. Un tel affect dirige son intellect à chercher la cause de cet acte ignoble et les dispositions à prendre pour qu'à l'avenir un acte aussi barbare ne se reproduise pas. La cause, le texte la nomme : c'est la haine dont l'objet n'est, bien sûr, pas que cet individu, mais doit être étendu aux « gays, lesbiennes et transsexuel(le)s ». Voilà donc Sébastien Nouchet élevé de gré ou de force au rang de victime symbolique d'une maladie sociale qui requiert une thérapie politique appropriée. La « lutte contre l'homophobie » doit passer par une loi. Cette lutte, souligne le Manifeste, semble faire l'objet d'un consensus. De fait, quelques mois plus tard, le gouvernement Raffarin a présenté un projet de loi allant dans ce sens. Mais qu'entendre par homophobie ? C'est là que les choses se gâtent et que le beau consensus vole en éclat !

« Nombre de ceux qui se déclarent prêts à soutenir des projets législatifs visant à pénaliser les injures homophobes ou les incitations à la haine et à la discrimination sont les mêmes qui hier s'opposaient aux avancées de l'égalité des droits et notamment au PaCS. » Apparaît un nouvel élément, central puisqu'il donne son titre au Manifeste : l'égalité des droits. L'homophobie ne concerne plus simplement ici les attitudes individuelles contre les homosexuels, mais toute opposition à leur revendication égalitaire. Il s'agit ainsi de pointer du doigt une incohérence chez certains (notamment le gouvernement, en charge du dossier anti-homophobie, suite aux promesses du candidat Chirac en 2002) : comment peut-on être à la fois contre l'homophobie et soi-même homophobe ? Une chance est laissée pour sortir de la contradiction : l'aspect chronologique, « hier », opposé à un « maintenant » implicite. De deux choses l'une, soit ces individus ont effectivement

évolué, soit ils se contredisent... et sont alors clairement incités à évoluer pour sortir de la contradiction. Le procédé permet de discréditer toute
position autre que celle qui tend à établir l'égalité
des droits comme unique et évidente réponse à
l'homophobie criminelle. D'ailleurs, celui qui refu-
serait une telle alternative ne nourrirait-il pas une
secrète et inavouée sympathie pour les agresseurs de
Sébastien Nouchet ? Le lecteur orienté et disposé
par son affection pour la victime ne peut que pen-
cher vers la stigmatisation d'une homophobie
monolithique dont il s'agit à tout jamais de purger
la société.

La suite du texte explicite le lien entre deux types
d'homophobie qu'il s'agit d'unir de manière indissociable. On voit là le processus de construction
d'un concept à des fins stratégiques. En effet, de
l'homophobie, on peut donner « une définition
restrictive ». L'homophobie, comme tout mot, a une
ou plusieurs significations, se déployant dans des
définitions. Habituellement, on parle de sens strict
et de sens large. Or ici « restrictive » a une connotation négative ; cela renvoie à un geste volontaire de
limitation. Or quelle peut être la motivation d'une
telle décision ? Le texte nous l'apprend : « Permettre à nombre d'homophobes de faire part de leur
compassion et de s'auto-décerner des brevets de
tolérance et de progressisme tout en refusant
comme auparavant toute avancée vers l'égalité des
droits. » La racine d'un tel geste de restriction est
donc un intérêt politique dont il s'agit de dénoncer
l'hypocrisie. Restreindre l'homophobie aux seuls
injures et actes violents dont sont victimes des individus homosexuels, c'est manifester officiellement
sa volonté de la combattre pour mieux cacher la
sienne, la vraie, que nos pétitionnaires eux savent

déceler : celle qui consiste à s'opposer à l'égalité des droits ! En effet, l'homophobie dans sa définition « restrictive » n'est que la face émergée d'une autre réalité d'autant plus dangereuse que voilée et dont elle se nourrit inlassablement. Il ne sert donc à rien de légiférer sur les effets, si on ne cherche pas à en éradiquer la cause.

Quelle est alors la véritable définition de l'homophobie, à l'aune de laquelle le double-jeu a pu être dénoncé ? La suite du texte va-t-il nous l'apprendre ? Que l'on en juge sur pièces : « Il nous semble en effet homophobe et discriminatoire de refuser l'accès des gays et des lesbiennes au droit au mariage et à l'adoption, de refuser l'accès des lesbiennes ou des femmes célibataires à la procréation médicalement assistée. » L'homophobie ne se manifeste pas d'abord et fondamentalement par une haine individuelle, des actes ou des propos personnels, mais par « toute politique discriminatoire à leur égard ». Le sujet homophobe s'est considérablement élargi, et on comprend à partir de quel critère la « définition restrictive » était dénoncée. La discrimination consiste à refuser aux gays et lesbiennes certains droits. Ce refus est-il alors la cause ou l'effet de la haine et des injures ? C'est là où le texte déploie sa force rhétorique en identifiant purement et simplement les deux niveaux. En effet, en général, lorsqu'on refuse l'accès de quelque chose à quelqu'un, c'est qu'on ne l'aime pas, qu'on s'en méfie. Mais comme ici l'agent homophobe n'est plus un individu mais une institution sociale, juridique et politique (par exemple, le Code civil), ce « refus » d'accorder des droits aux gays permet d'attribuer une intention haineuse à l'ensemble du système législatif actuel, façonné par l'histoire. C'est au cœur même de la justice que l'injustice se love !

On est parti de l'image d'un individu brûlé vif par la haine, image qui sollicite et cristallise tout ce que la mémoire peut associer au feu purificateur des systèmes politiques totalitaires ou de l'Inquisition espagnole. On arrive à une discrimination politique incrustée dans des institutions injustes. La conjonction des deux produit une connotation de persécution omniprésente. Les gays sont persécutés ! Seule la lutte radicale contre l'hydre homophobe peut être une réaction appropriée. Un lecteur normalement constitué, ému par l'évocation d'un individu atrocement brûlé, ne peut répondre à cette mobilisation que par un élan généreux de tout son être... et soutenir la revendication !

Un lien est posé entre la lutte contre l'homophobie et la reconnaissance des couples de même sexe. La dernière partie du texte est consacrée à manifester qu'une telle revendication est obligatoire dans une démocratie cohérente avec ses propres principes. Les exemples d'illustres pays démocratiques, au premier rang desquels les États-Unis, sont convoqués pour montrer le caractère réalisable d'une telle exigence. C'est réalisable puisque cela existe déjà ! Le réalisme étant une vertu politique, celui qui s'acharnerait à détourner son regard de ces réalités déjà présentes à l'étranger pour les refuser en France ferait preuve non seulement de chauvinisme mesquin mais encore d'une volonté de se mettre en dehors du sens de l'histoire. Car, en effet, ces pays (États-Unis, Canada, Belgique et Pays-Bas) sont allés jusqu'au bout de leurs prémisses constitutionnelles en accordant cette égalité des droits. Comment oublier que la République française, elle aussi et elle surtout, a pour préambule la déclaration des droits de l'homme ? Or le droit de se marier n'est-il pas un droit de l'homme fondamental dont sont injustement exclus les gays et les lesbiennes ? La conclusion implicite mais suggérée est donc que tout démocrate est contre l'homophobie et que tout homophobe est un anti-démocrate. Comment imaginer que les agresseurs de Sébastien Nouchet fussent des démocrates ? Puisque être contre le mariage gay, c'est être homophobe, tout ceux qui refusent ou même sont encore réticents devraient faire un petit examen de conscience démocratique, au terme duquel ils confesseront leur homophobie latente et leur ferme résolution de lutter contre.

Étayages de la revendication gay

Ce texte épouse certaines tendances de fond de la société française pour mieux capter la bienveillance du lecteur et progressivement faire jouer à son profit un certain sens commun démocratique. La première tendance sollicitée est le souci contemporain des victimes. Toute cause qui peut se greffer sur la dénonciation du mécanisme victimaire est assurée d'être valorisée et légitimée, tant la société occidentale a intériorisé une culpabilité multiforme par la relecture morale de ses actes ou de ses institutions passés. Le colonialisme, l'esclavage, la misère ouvrière liée à l'industrialisation capitaliste et bien sûr la Shoah sont les éléments les plus saillants de cette prise de conscience, dans le souci légitime du « plus jamais ça ». Dans ces trois dernières décennies, cette tendance a également fonctionné au profit des femmes, des immigrés objets du racisme, mais aussi des sans-papiers, des sans-logis, bref de toute catégorie minoritaire qui pouvait se manifester comme victime d'une domination sociale.

En ce qui concerne les gays, l'épidémie du sida a été un catalyseur pour la prise de conscience d'un destin commun, creuset d'une identité damnée et subie qu'ils allaient retourner en identité de lutte et de colérique fierté. Le sida a été l'occasion d'une médiatisation de la souffrance des gays, et d'une souffrance acceptée et légitimée par l'ensemble du corps social car étant l'effet d'une épidémie. Mais certains ont retourné le dispositif médiatique contre ce même corps social pour le rendre en grande partie responsable de cette souffrance. Le slogan d'Act Up « L'homophobie tue » est le modèle d'une telle auto-politisation des victimes. Stigmatisant l'indifférence, voire le rejet dont ils étaient l'objet par les médecins, les laboratoires pharmaceutiques et les grands services sociaux, les membres d'Act Up ont progressivement façonné un discours de culpabilisation à usage immédiat afin de faire pression sur ce système d'exclusion dont la mort de leurs amis et compagnons était pour eux l'effet et donc le symbole.

Une autre pierre d'attente sur laquelle prospère la revendication gay est la rhétorique antiraciste, elle-même application de la lutte plus générale contre les préjugés, caractéristique de la volonté moderne de l'autonomie et de l'idéal critique. Pierre-André Taguieff a montré le point de retournement de cette posture critique en un nouveau dogmatisme, aveugle à ses propres préjugés, puisque s'en pensant exempt à force de les scruter et de les dénoncer chez les autres. Le présupposé non critiqué d'un tel antiracisme est que « tant qu'il y a de la différence entre groupes, il y a matière à préjuger. Il faut donc détruire tout principe de différence intermédiaire entre le niveau individuel et le niveau générique[1] ». Une telle logique est

---

1. *La force du préjugé, essai sur le racisme et ses doubles*, Paris, Gallimard, 1987, p. 191.

par définition indéfinie ; mais au lieu que cette dernière propriété soit perçue comme un handicap ou dispose à une vigilance accrue pour distinguer les différences à éradiquer et celles qui sont légitimes dans le monde humain et social, cette infinité de la tâche nourrit une volonté exacerbée et enragée. C'est là qu'entre en jeu une autre logique sur laquelle vient s'étayer l'antiracisme triomphant : la confiance dans le sens progressiste de l'histoire humaine.

« La volonté humaine est donc conviée à stimuler la venue au monde d'une communauté universelle non divisée par les préjugés en général : préjugés de race, de classe, de nation, voire de sexe, s'aboliront à la fois sans nous et par nous. Il faut cependant vouloir l'abolition des préjugés, ces dépôts et sédiments du passé qui font obstacle à l'émancipation définitive de l'homme. Le préjugé est ce qui retient le passé, et nous retient en lui[1]. » Une jonction se fait avec le mouvement moderne vers l'égalité des conditions, souvent présenté comme inéluctable bien que devant régler les actions individuelles et collectives. Cette alliance entre le fait social massif (l'égalisation) et le devoir politique (l'égalité des droits est à promouvoir et elle constitue le critère ultime des décisions) produit sur la psychologie du citoyen une disposition à accueillir favorablement toute exigence d'une minorité se présentant à la conquête de ses droits. Si d'autres minorités anciennement dominées en ont profité, pourquoi pas celle-ci ? N'est-ce pas le signe d'un préjugé, masque d'un égoïsme social inavouable, que de vouloir mettre une limite entre de bonnes et de mauvaises minorités ? Dans cette optique, toute

---

1. *Ibid.*, p. 188.

limite apparaît comme arbitraire et défiant le sens de l'histoire. Pourquoi se battre aujourd'hui pour une cause rétrograde qui demain aura sa place dans les poubelles de l'histoire démocratique ?

Identité minoritaire et politique de la reconnaissance

Ceci présuppose l'organisation de la conscience sociale et civique en termes d'identité à faire reconnaître par le corps social dans sa totalité. Cette politique de la reconnaissance, désormais bien connue, est explicitement sollicitée par le « Manifeste pour l'égalité des droits ». Mais que doit-on entendre par le terme de reconnaissance, surtout lorsque ce terme est utilisé pour définir une lutte politique ? Le philosophe canadien Charles Taylor, théoricien majeur de la « politique de la reconnaissance », distingue en fait deux acceptions de ce terme. « Avec le passage de l'honneur (aristocratique d'Ancien Régime) à la dignité (Rousseau et Kant) est venue une politique d'universalisme mettant en valeur l'égale dignité de tous les citoyens, et le contenu de cette politique a été l'égalisation des droits et des attributions. Ce qu'il faut éviter à tout prix est l'existence de citoyens de "première" et de "seconde classe"[1]. » Ce premier sens a été celui de la politique républicaine française depuis deux cents ans. Il consiste à mettre entre parenthèses toute identité particulière en la renvoyant à la sphère privée au profit de droits et de devoirs attribués à chaque citoyen en tant qu'il se hisse à l'universalité de la République

---

1. *Multiculturalisme, différence et démocratie*, Paris, Champs-Flammarion, 1994, p. 56.

et de l'humanité. La seconde acception, bien que pouvant recevoir le même nom, correspond presque au contraire de ce que nous venons de voir. Dans ce second cas, il s'agit justement de reconnaître ce qu'il y a de différent en chacun, ce qui le distingue de tous les autres ou de la majorité. « L'idée est que c'est précisément cette distinction qui a été ignorée, passée sous silence, assimilée à une identité dominante. Et cette assimilation est le péché majeur contre l'idéal d'authenticité[1]. » Dès lors, dans quel sens le « Manifeste pour l'égalité des droits » utilise-t-il le mot reconnaissance ?

La formulation même de son titre semble indiquer que nous nous trouvons devant la première acception, universaliste. L'invocation de la Constitution et de « son principe fondamental de l'égalité de tous devant la loi » renvoie au langage républicain, traditionnel en France. Le nerf de l'argumentation semble être que la loi actuelle fait acception des individus, les traite différemment, d'où la dénonciation de ce qui est vu comme une discrimination. Parce que certains citoyens français seraient gays, ils seraient exclus du droit commun ; ils n'auraient pas le droit de se marier, ni d'être parents.

Il est nécessaire de saisir comment le texte joue sur l'ambivalence du mot reconnaissance pour arriver à ses fins dans un contexte français républicain. En effet, *stricto sensu* aucun individu n'est interdit de se marier. La question, c'est de déterminer avec qui. Si un homme veut se marier, il le peut mais il ne le peut en l'état actuel des choses qu'avec une femme. S'il veut se marier avec un autre homme, c'est impossible ; s'il veut se marier avec sa fille ou

---

1. *Ibid.*, p. 57.

avec un enfant, c'est également impossible. Il y a des conditions nécessaires fixées par les lois pour que chacun puisse jouir de son droit à se marier, mais aucun citoyen adulte n'est exclu du « droit au mariage ». La force rhétorique du Manifeste consiste à glisser subrepticement de « citoyen » à « gay », comme si ces deux réalités s'identifiaient formellement. C'est bien sûr le même individu qui peut être gay et citoyen français, mais vouloir s'appuyer sur le fait d'être citoyen (qui en tant que tel a des droits égaux à tous les autres citoyens) pour réclamer des droits *en tant que gay*, c'est passer au second sens du mot reconnaissance, centré sur une identité (particulière et minoritaire) que l'on cherche à faire accepter à l'ensemble du corps social. Ici le fait d'être gay sature le contenu de la notion de citoyen.

Un des signes que nous sommes passés au second sens de la politique de la reconnaissance est indiqué par Taylor, qui nomme une des propriétés de la revendication identitaire : « Le reproche (que le second sens — identariste — adresse au premier sens — universaliste) est que l'ensemble prétendument neutre de principes de dignité politique aveugles aux différences est, en fait, le reflet d'une culture hégémonique. Tel qu'on le voit fonctionner, seules les minorités ou les cultures supprimées sont contraintes de prendre une forme étrangère. Par conséquent, la société prétendument généreuse et aveugle aux différences est non seulement inhumaine (parce qu'elle supprime les identités), mais aussi hautement discriminatoire par elle-même, d'une façon subtile et inconsciente[1]. » Voilà qui

---

1. *Ibid.*, p. 63.

rejoint la critique que le Manifeste adresse au corps social d'être homophobe sans le savoir. En jouant sur les deux tableaux (identariste et universaliste), la revendication à l'égalité des droits cherche donc en réalité à modifier de fond en comble la conception même du mariage et de la filiation.

Elle a bien une visée universaliste en ce sens où l'objectif est de transformer la manière dont la société, dans son *ensemble*, entend la relation entre les sexes, les sexualités et la filiation. Cette transformation sera obtenue par la reconnaissance de l'identité gay, reconnaissance qui passe selon ce Manifeste nécessairement par la lutte contre toute discrimination, en l'occurrence l'arbitraire condition de la différence de sexe des deux contractants du mariage. C'est pour cette raison que le lobby français ne veut pas de « contrat de vie couple » qui serait spécifiquement à usage des gays et des lesbiennes. Un tel statut laisserait la culture dominante dans son homophobie latente en donnant à des êtres différents (les gays) un statut différent. Ce dispositif amène Didier Eribon, rédacteur du Manifeste avec Daniel Borillo, à expliquer que « la revendication du mariage, souvent présentée comme réactionnaire, est en fait plus subversive que le discours de la subversion. Elle a un effet de déstabilisation de l'ordre familial, sexuel, du genre, beaucoup plus fort que la subversion incantatoire[1] ». La déstabilisation ne peut effectivement avoir lieu qu'en investissant les institutions sociales, ce qui *ipso facto* en change le sens. Il s'agit bien d'une révolution et non d'une simple réforme. Dans le texte, c'est en confondant sciemment gay et citoyen

---

1. Dans *Regards*, n° 5, mai 2004.

que l'égalité des droits produit un choc afin d'insti-
tuer un nouvel ordre familial et sexuel. Quel sera ce
nouvel ordre ? En suivant jusqu'au bout les présupposés d'une telle revendication, on peut imaginer sa
physionomie.

La lutte contre l'homophobie en est la machine
de guerre. Que signifie véritablement ce dernier
terme ? Comment a-t-il été construit ? Quel rôle
joue-t-il dans la stratégie de cette politique de la
reconnaissance ?

3

L'INJURE

On a assisté ces dernières années à un déplacement de la question de l'homosexualité vers celle de l'homophobie. Ce déplacement est essentiel car il consiste à retourner l'orientation du discours scientifique sur lui-même afin de le problématiser. « Au lieu de se consacrer à l'étude du comportement homosexuel, traité dans le passé comme déviant, l'attention est désormais portée sur les raisons qui ont mené à considérer cette forme de sexualité comme déviante ; de sorte que le déplacement de l'objet d'analyse vers l'homophobie produit un changement aussi bien épistémologique que politique. Épistémologique, car il ne s'agit pas tant de connaître ou de comprendre l'origine et le fonctionnement de l'homosexualité que d'analyser l'hostilité déclenchée par cette forme spécifique d'orientation sexuelle[1]. »

Autrement dit, de même que ce n'est pas la race qui doit faire l'objet d'un questionnement scientifique mais l'attitude et les discours tenus sur elle, c'est-à-dire le racisme, de même le véritable objet d'étonnement pour la science doit être l'homophobie.

---

1. Daniel BORILLO, *L'homophobie*, Paris, PUF, coll. Que sais-je ?, 2000, p. 4.

C'est ce à quoi s'emploient certains juristes, sociologues et philosophes au cours de nombreux colloques. Comme le souligne le juriste Daniel Borillo, co-rédacteur du « Manifeste pour l'égalité des droits », le retournement est avant tout politique, puisqu'il permet au lobby de développer un discours d'apparence scientifique, légitimant son contenu donné comme neutre, excluant comme pseudo-scientifique et militant (hétérosexiste) tout discours alternatif.

Construction du mot « homophobie »

Le mot « homophobie » est apparu dernièrement dans les dictionnaires. *Le Petit Larousse* en traite pour la première fois dans son édition 1998, au moment des discussions sur le PaCS. Ce terme est né en langue anglaise au début des années 1970, mais comme le souligne Daniel Borillo, pour G. Weinberg il signifie alors « la crainte d'être avec un homosexuel dans un espace fermé et, concernant les homosexuels eux-mêmes, la haine de soi[1] ». Daniel Borillo note les critiques dont a fait l'objet ce néologisme d'homophobie, notamment par le grand historien gay, John Boswell, qui fait remarquer à juste titre qu'il signifie étymologiquement « crainte du semblable », *homo* désignant en grec le même, et phobé la crainte. Il propose donc « homosexophobie », qui est plus précis bien qu'hybride puisque joignant un terme latin aux deux termes grecs. Daniel Borillo critique à son tour cette proposition, « car elle fait exclusivement référence à l'attitude extrême d'appréhension psychologique

---

1. *Ibid.*, p. 11-12.

(phobie) occultant d'autres formes d'hostilité moins irrationnelles[1] ». Critique pour le moins étonnante car on ne voit pas en quoi homophobie connote moins la phobie que homosexophobie ; mais critique révélatrice de l'intention d'élargir au maximum le terme à toutes formes d'hostilité envers les homosexuels.

De fait, le substantif « homophobie » va fournir le fil conducteur de la critique de tout l'ordre social actuel. Pour Daniel Borillo, il est important que l'homophobie désigne « deux aspects d'une même réalité : une dimension personnelle de nature affective se manifestant par un rejet des homosexuels et une dimension culturelle, de nature cognitive, dans laquelle ce n'est pas l'homosexuel en tant qu'individu qui fait l'objet du rejet mais l'homosexualité comme phénomène psychologique et social[2] ». S'il s'agit de deux aspects d'une même réalité, il faut comprendre comment ils s'articulent, comment l'unité du terme est construite par ceux qui veulent suggérer une réalité monolithique de l'homophobie. Le point à partir duquel naît cette continuité est l'injure.

L'injure constitue l'identité homosexuelle

Dans un texte intitulé « Ce que l'injure me dit »[3] et au sous-titre évocateur « Quelques remarques sur le

---

1. *Ibid.*, p. 12.
2. *Ibid.*, p. 13.
3. Allocution prononcée lors du colloque organisé par Aides le 19 juin 1999 à Paris « L'homophobie : comment la définir ? Comment la combattre ? » ; les actes ont été publiés sous la direction de Daniel BORILLO et de Pierre LASCOUMES aux éditions ProChoix, 1999. Le texte de Didier Eribon a été republié ainsi qu'un entretien le 26 juin à *Libération* sur le même sujet dans *Papiers d'identité*, Paris, Fayard, 2000.

racisme et la discrimination », Didier Eribon, co-rédacteur du « Manifeste pour l'égalité des droits », commence en soulignant que l'injure « me dit que je suis quelqu'un d'anormal ou d'inférieur[1] ». Jusque là, rien de nouveau. Il poursuit : « Quelqu'un sur qui l'autre a le pouvoir, et d'abord le pouvoir de m'injurier. » La Palisse n'aurait pas dit mieux. Si l'autre m'injurie, c'est que certes il en a le pouvoir ! Mais il s'agit de souligner ici que l'injure renvoie d'abord au pouvoir, autrement dit a d'emblée une connotation politique, c'est-à-dire plus large qu'une simple relation interpersonnelle et privée. Dans l'injure, il se joue plus que l'injure : elle est « ce par quoi s'exprime la dissymétrie entre les individus, entre ceux qui sont légitimes et ceux qui ne le sont pas, et qui sont, par là même, vulnérables. » Après le pouvoir, apparaît un autre poids lourd conceptuel, la légitimité sociale, vocabulaire emprunté à Pierre Bourdieu. On peut d'ailleurs souligner que ce dernier est ici l'« auteur source » de Didier Eribon, celui dans lequel il trouve le cadre conceptuel lui permettant de diagnostiquer la situation d'aliénation sociale des gays et de construire une stratégie de subversion des catégories la déterminant.

En quoi quelqu'un qui en injurie un autre en a-t-il la légitimité ? Didier Eribon effectue un coup de force faisant croire que dire « sale pédé » ou « sale juif » est une attitude qui peut s'adosser et donc incarner un ordre social à partir duquel ces paroles seront perçues par tous comme évidentes et allant de soi. De plus, en introduisant comme contraire à l'adjectif « légitime », non pas « illégitime » mais « vulnérable », il induit que la légitimité n'est ici que

---

1.   *Op. cit.*, ProChoix, p. 11.

la forme prise par un pouvoir arbitraire qui oppresse et fabrique des victimes (la « violence symbolique » chère à Pierre Bourdieu). Placé devant une telle alternative, le lecteur ne peut que s'identifier à la victime et mettre en doute ce qui se présente sous les traits d'une légitimité arrogante et dominatrice.

Poursuivant que l'injure dépasse largement le champ d'action qu'on lui prête habituellement et naïvement, Didier Eribon précise qu'elle a également « un pouvoir constituant. Car la personnalité, l'identité personnelle, le plus intime de la conscience est fabriquée par l'existence même de cette hiérarchie et par la place que l'on y occupe, et donc par le regard de l'autre ». L'injure, loin d'être une parole isolée qui m'atteindrait de l'extérieur, est constitutive de mon être. Il faut mesurer l'importance d'une pareille thèse sur laquelle repose la stratégie d'élargissement du terme homophobie, qui, rappelons-le, est l'envers rhétorique nécessaire à l'obtention de l'égalité des droits. L'identité de l'homosexuel est une construction du regard et de l'attitude homophobes que les individus et, à travers eux, l'ensemble de la société, portent sur lui.

Didier Eribon a développé ce discours dans son essai *Réflexions sur la question gay*, titre explicitement choisi en référence aux *Réflexions sur la question juive* de Jean-Paul Sartre. Or dans ce livre de 1946, Jean-Paul Sartre, ignorant superbement[1] les

---

1. À la question de Benny Lévy « Quand tu as écrit les *Réflexions sur la question juive*, tu as bien réuni de la documentation ? » Sartre répond : « Non. J'ai fait la *Question juive* sans aucune documentation, sans lire un livre juif. » Dans les *Entretiens* parus dans *Le Nouvel Observateur* à partir de mars 1980 (édités dans *L'Espoir maintenant*, Verdier, Lagrasse, 1991, p. 73-74).

travaux sur le sionisme et la millénaire relecture religieuse, historique et culturelle que les Juifs n'ont cessé de faire de leur identité, assène que le juif n'existe que dans et par le regard de l'antisémite. Utilisant comme matrice d'interprétation du judaïsme sa propre théorie du regard exposé dans *L'Être et le Néant*, Sartre en vient à dissoudre toute identité vécue et reçue au sein d'une tradition, en la réduisant à n'être, en réalité, qu'un produit d'une objectivation effectuée par le regard discriminant de ceux (les autres) qui dominent socialement. Sous couvert d'un projet d'émancipation et au nom d'une liberté absolue qui refuse tout accueil d'un réel la précédant, la fondant mais donc la limitant, Jean-Paul Sartre en arrive concrètement à annuler ce même réel culturel, historique et personnel. Didier Eribon est-il alors inattentif aux ambivalences d'une telle référence que certains ont pu percevoir comme paradoxalement et inconsciemment antisémite ? S'en sert-il vraiment pour caractériser analogiquement la constitution de l'homosexuel ? Didier Eribon cherche en réalité à étayer par un autre dispositif conceptuel cette thèse de la fabrication de l'identité par le regard de l'autre. Car le passage du regard à l'injure a pour bénéfice d'introduire un élément central, le langage.

En effet, « tout individu, lorsqu'il arrive au monde, arrive dans un monde où le langage l'a précédé. Or ce monde dans lequel il arrive est un monde dans lequel existent des hiérarchies sociales, culturelles et raciales, et le langage contient d'innombrables mots qui marquent ces hiérarchies, instaurent les frontières et assignent les places[1] ».

---

1. *Op. cit.*, ProChoix, p. 12.

L'injure étant de l'ordre du langage, il y faut en découvrir la condition de possibilité. Lui aussi doit avoir sa part de responsabilité ! Certes, sans le langage, il n'y aurait pas d'insulte. De là à imputer au langage comme tel la charge péjorative et infamante que comporte l'injure, il n'y a qu'un pas que Didier Eribon s'empresse de franchir. Quel est le gain d'un tel sophisme ? C'est de socialiser l'injure, de l'élargir à tout un système dont l'objectif premier semble être l'asservissement d'une catégorie d'individus. Pierre Bourdieu rappelle le sens grec de categorein : « accuser publiquement ». Didier Eribon en conclut qu'« être injurié, c'est être rangé dans une catégorie et une catégorie considérée comme inférieure ». Or tout système linguistique fonctionne par distinctions, classements, règles ; bref, ordonne. Il y a donc une connivence entre le langage et la société, car les deux concourent à normaliser et simultanément à exclure et à opprimer ceux qui ne s'y soumettent pas. Didier Eribon dépersonnalise toujours plus l'injure, ce qui permet d'acclimater l'idée que seule une réforme du langage et de la société dont il manifeste l'ordre (« le mot d'ordre ») pourra l'éradiquer. « Ce sont des mots dont je peux redouter le choc, la violence sans qu'ils aient besoin d'être prononcés, puisque je sais qu'ils peuvent l'être, et que leur menace est toujours présente. Ainsi l'injure exerce ses effets même quand elle n'est pas proférée. [...] L'injure, réelle ou potentielle, l'existence de l'injure à l'horizon de ma vie définit mon rapport au monde et aux autres. Elle est ce qui constitue les subjectivités assujetties[1]. »

---

1. *Ibid.*, p. 11-12.

De même que pour Jean-Paul Sartre, ce n'est pas le regard concret de l'autre qui provoque en moi la honte mais sa possibilité, de même ici l'injure *potentielle* suffit à m'assujettir. Or le concept d'injure potentielle n'est-il pas liberticide ? En effet, une attitude, un regard, un simple silence peuvent être interprétés comme une injure. L'injure est dès lors extensible à l'infini puisqu'elle n'est mesurée que par celui qui s'en croit l'objet. À quoi peut donc bien aboutir un tel terme dans un colloque réfléchissant à la lutte, notamment pénale, contre l'homophobie ?

Y a-t-il une injure gay ?

Didier Eribon se souvient-il de la loi sur les suspects sous la Terreur du Comité de salut public ? Lorsque la grandeur de la cause l'exige, il ne faut pas transiger. Celle-ci requiert jusqu'à la droiture d'intention que seuls des juges auto-proclamés pourront évaluer. En réagissant ainsi, sommes-nous en plein délire homophobe ?

Qu'on en juge à partir de la pratique inquisitoriale de Didier Eribon lui-même. Lorsqu'il raconte la manière dont il est allé à la pêche aux signatures pour le Manifeste en vue de la reconnaissance du couple homosexuel (à l'époque — 1996 —, revendication stratégiquement centrée sur le PaCS), il souligne que ce fut « une expérience intéressante. Certains refus m'ont surpris, comme celui de la dessinatrice Claire Brétécher, ou, plus étonnant encore, celui du sociologue Robert Castel, qui fut autrefois un vrai progressiste. [...] Cela permet de constater une fois encore à quel point le rapport à l'homosexualité est l'un des points sensibles où peut se juger la réalité d'ouverture d'esprit et de l'engagement progressiste des intellectuels[1] ». Robert Castel est-il alors coupable d'injure potentielle ? Car s'il a refusé un texte écrit par Didier Eribon, n'est-ce pas que, même sans s'en rendre compte, il est en fait homophobe ? Or, comment être à la fois homophobe et progressiste, voire démocrate ? Il y a contradiction dans les termes puisque celui qui n'est pas homophile refuse la marche de l'histoire émancipatrice.

L'injure potentielle permet donc de retourner tout silence ou tout refus comme un mépris et une tacite collaboration à l'ordre oppressif. Qui n'est pas explicitement pour nous est nécessairement contre nous. Si l'école républicaine ne dit rien des gays et de leur mode de vie, c'est qu'elle est homophobe[2]. Désormais, avec l'injure potentielle, le lobby gay tient le moyen de forcer chacun à soutenir explicitement la cause, sous peine d'être accusé publiquement. *Catégorein* a été rapidement utilisé dans son sens étymologique, suivant le conseil du vrai progressiste qu'est Pierre Bourdieu.

Ce moyen de pression est d'autant plus efficace lorsqu'il peut s'exercer sur des personnes homosexuelles qui ne partagent cependant pas l'orientation idéologique ou les revendications du lobby. À ce sujet, Didier Eribon fait preuve de cohérence entre son discours et sa pratique lorsqu'il

---

1. *Papiers d'identité*, p. 23.
2. Seule une politique résolue peut donc inverser cette situation. Initiée par Jack Lang, en 2001, elle s'est accentuée ces derniers temps à la faveur de la lutte généralisée contre l'homophobie sous l'impulsion de Jacques Chirac. Voir sur ce sujet Philippe CLAUZARD, *Conversations sur l'homo(phobie), l'éducation comme rempart contre l'exclusion*, Paris, L'Harmattan, 2002.

oute[1] Renaud Donnedieu de Vabre quelques jours après son arrivée au ministère de la Culture[2]. L'homme politique avait participé à la manifestation anti-PaCS du 31 janvier 1999, ce qui est le comble de la trahison. L'idée que l'on puisse distinguer sa vie privée et son métier de législateur apparaît aux gays radicaux comme la pire hypocrisie. Ce silence sur sa propre homosexualité n'est-il pas lui aussi une injure potentielle envers tous les homosexuels, à punir du plus radical verdict ? L'association Act-Up avait suscité un émoi lorsqu'elle avait menacé de révéler l'homosexualité d'un des députés ayant manifesté ce jour-là. Et voilà que Didier Eribon, sûrement rasséréné par sa trouvaille conceptuelle, joue le rôle d'accusateur public dans *Les Inrockuptibles*[3]. Non content de le outer, il s'arroge la maîtrise des catégories à attribuer : « Je ne peux pas le désigner comme "gay", car ce serait lui faire trop d'honneur, et j'aurais honte de le définir de la même manière que je me définis moi-même ou que se définissent les mouvements d'émancipation. » On

---

1. Rappelons que cet anglicisme désigne l'acte par lequel est révélée, publiquement et contre son gré, l'homosexualité de quelqu'un. Tandis que faire son *coming out* désigne l'acte par lequel l'individu lui-même « sort du placard ». Cette forme de délation qu'est le *outing* a fait dire justement à Mona Ozouf : « Il y a eu en France une expérience d'*outing* qui n'a pas donné de bons résultats. C'est lorsqu'on a obligé les juifs à porter l'étoile jaune. » Propos privés cités, avec l'autorisation de l'auteur, par Élisabeth LÉVY dans le *Figaro Magazine* du 17 avril 2004.
2. En toute rigueur, Didier Eribon n'est pas le premier à avoir rendu publique l'homosexualité du ministre. Il avait été précédé par Guy BIRENBAUM, *Nos délits d'initiés*, Stock, 2003, puis par Didier LESTRADE, *The End*, Denoël, 2004.
3. N° 436 du 7 avril 2004.

appréciera l'utilisation du langage dans le but d'assujettir un individu dans l'infâme catégorie des homosexuels homophobes.

Langage et discrimination sociale

L'argument sur lequel repose le caractère potentiel de l'injure se fonde sur une continuité linguistique entre l'injure et tous les autres discours ordonnant la vie sociale, à savoir d'une part les lois et d'autre part les doctrines les justifiant. Là encore, Didier Eribon fait une analogie rhétorique entre le racisme et l'homophobie : « De même que jusque dans les années 1960 aux États-Unis, qu'il y avait un lien intrinsèque entre l'*injure* "sale nègre", l'*interdiction légale* des mariages interraciaux et les *théories* naturalistes ou culturalistes expliquant en quoi les noirs étaient inférieurs aux blancs, de même il y a continuité entre "sale pédé", les mots qui sont implicitement inscrits sur la porte d'entrée de la salle des mariages de la mairie "Interdit aux homosexuels", jusqu'aux pratiques professionnelles des juristes qui inscrivent cette interdiction dans le droit, et jusqu'aux discours de tous ceux qui justifient ces discriminations dans des articles qui se présentent comme des élaborations intellectuelles et qui ne sont que des discours pseudo-savants destinés à perpétuer l'ordre inégalitaire[1]. » Mais quelle est la nature du lien entre ces trois niveaux de discours ?

Question difficile auquel le texte ne répond pas. Dit-on « sale pédé » parce que les homosexuels passent pour être des anormaux et des malades, ou bien au contraire, à force de les insulter finit-on par

____

1. *Op. cit.*, ProChoix, p. 14-15.

produire des lois et des doctrines légitimant cette pratique première ? Didier Eribon exclue l'éventualité que ce soit le comportement des homosexuels qui soit la cause de l'homophobie. À un journaliste qui lui pose la question, il répond en demandant si « l'antisémitisme, c'est la faute des Juifs[1] ». Façon radicale de délégitimer un tel type de question comme étant intrinsèquement homophobe !

Fidèle à sa vulgate sartrienne, Didier Eribon tient d'ailleurs à préciser « qu'on ne peut rien dire de la réalité — individuelle, sociale, culturelle, juridique — de l'homosexualité si on ne prend pas en compte le système homophobe qui est constitutif de cette réalité[2] ». Certes, tout individu est toujours déjà pris dans un réseau de conditionnements au sein duquel il émerge et prend conscience de lui-même ; aucune vision de surplomb n'est absolument possible, mais cela signifie-t-il que l'on ne se réduit qu'à cela ? Didier Eribon accentue exagérément le caractère passif de la constitution du sujet humain (ce qu'il nomme « assujetissement », à la suite de Michel Foucault) pour mieux manifester la rupture à laquelle la politique de la reconnaissance l'appelle (ce que les termes de « subjectivation », de « créativité » et de « résistance » signifieront).

Pour Didier Eribon, il n'y a pas réellement de lien de causalité entre les niveaux, mais davantage une matrice qui fait fonctionner ceux-ci en boucle rétroactive. Cette matrice discursive, c'est l'« injure homophobe ». La manière dont les gays radicaux traitent tout interlocuteur est révélatrice de leur sentiment d'être injuriés. Certains psychanalystes,

---

1. Entretien dans *Libération*, 26 juin 1999 ; republié dans *Papiers...*, p. 71.
2. *Op. cit.*, ProChoix, p. 14.

juristes ou sociologues, par exemple Irène Théry, ont été stigmatisés avec la dernière violence en toute bonne conscience, car leurs discours « pseudo-scientifiques » étaient reçus formellement comme haineux et injurieux par certains gays. Didier Eribon reconnaît qu'on peut qualifier de « stalinienne » cette stigmatisation. En la nommant ainsi, il bénéficie de la posture du critique lucide sur le propre statut de son discours et sur les raisons de sa non-réception. Nous retrouverons une attitude assez proche chez Michel Foucault et Pierre Bourdieu. En traitant de « pacotille » la sociologie ou la philosophie qui réaffirme la supériorité du couple homme-femme, il s'épargne la tâche d'une analyse critique de ces doctrines.

Didier Eribon réitère ce mode particulier de discussion dans son dernier livre, où il distribue généreusement les adjectifs fleuris : « réactionnaire », « rétrograde », « conservateur »... Ainsi oppose-t-il Judith Butler, « intellectuelle éminente, radicale et subversive », et ces *fast-thinkers*, Bernard-Henry Lévy et Alain Finkielkraut, « bateleurs sans idée, conformistes et conservateurs »[1]. Didier Eribon envisage-t-il l'hypothèse, même à titre d'exception, d'un conservateur intelligent ? Ou bien le « progressisme » est-il la mesure de la pensée ?

La conclusion de l'analyse de l'injure par Eribon est ambivalente. Il constate que la lutte contre l'homophobie doit prendre en considération l'ensemble des discours que la société, selon diverses modalités, produit sur les gays pour les inférioriser. À trop réduire le champ d'action à la seule

---

1. *Sur cet instant fragile... Carnets, janvier-août 2004*, Fayard, 2004, p. 49.

injure, on ne traite que la pointe de l'iceberg, ce qui n'est évidemment pas efficace pour faire reculer l'homophobie. Mais, fidèle au diagnostic sur les racines sociales de l'injure, à trop vouloir embrasser, ne se condamne-t-on pas aussi à l'inefficacité, la tâche devenant tout simplement colossale ?

Didier Eribon conclut, perplexe : « Comment pénaliser le discours de ceux qui refusent l'égalité des droits, dans la mesure où c'est l'inégalité qui est aujourd'hui la norme, la loi, et pour certain le bon sens, ce bon sens homophobe qui est, comme chacun sait, la chose du monde la mieux partagée. Je ne voudrais pas avoir l'air de me désolidariser de la revendication autour de laquelle nous sommes réunis aujourd'hui, mais je voudrais simplement souligner qu'il risque de n'être pas facile de criminaliser le bon sens[1]. » On est ici au cœur de la stratégie du lobby gay. Comment va-t-il transformer ce handicap en un avantage ? L'enjeu est le retournement du « bon sens », afin que les préjugés dont il est tissé jouent en faveur de la reconnaissance gay. L'aporie stratégique à laquelle Didier Eribon aboutit demande un réexamen du concept d'homophobie et une plus grande précision dans les distinctions entre les niveaux individuel et social afin de proportionner efficacement chaque discours de lutte au segment de la société capable de l'entendre. Voyons la manière dont le concept d'homophobie doit être retravaillé pour qu'il acquière une réelle efficacité politique.

____

1. *Op. cit.*, ProChoix, p. 17.

4

ENTRE SEXISME ET RACISME : L'HÉTÉROSEXISME

« Définir l'homophobie est d'emblée un geste proprement politique. C'est donc en termes politiques autant que théoriques qu'il faut penser la définition[1]. » Voilà qui est éclairant sur l'orientation « tout est politique » qui anime paradoxalement le travail de ces chercheurs en sciences sociales et en droit. Une telle assertion rend aussi attentif à la méthode utilisée. La fin politique justifie tous les moyens théoriques afin de construire une définition de l'homophobie qui soit compréhensible dans les différentes strates de la société française. Or la tâche paraît impossible à assumer. Le mot « homophobie » ratisse tellement large qu'il ne rapporte plus rien d'intéressant stratégiquement. Son efficacité est paradoxalement cause de son inefficacité. Éric Fassin, sociologue et signataire du « Manifeste pour l'égalité des droits », va donc

---

1. Éric FASSIN, « Le *outing* de l'homophobie est-il de bonne politique ? Définition et dénonciation », *L'homophobie...*, ProChoix, p. 30.

proposer, lors du même colloque, une voie permettant de résoudre cette aporie.

Inefficacité du concept d'homophobie personnelle

Il reprend la dualité de formes de l'homophobie, d'une part individuelle et psychologique et d'autre part collective et idéologique. Il recherche des analogies à partir de quoi elles peuvent fonctionner politiquement. Il en existe deux : le sexisme et le racisme. Laquelle permet de penser de manière la plus riche et la plus efficace l'homophobie dans le contexte français actuel ? Dans un premier temps, il constate que la première forme (individuelle) est quasiment inavouable. Personne, par exemple lors des débats sur le PaCS, ne s'est affirmé à titre individuel homophobe. Au contraire, plus l'opposition politique à l'égalité des droits était ferme, plus était affirmée l'homophilie personnelle de l'opposant. Éric Fassin, pour mettre en perspective ce déni d'homophobie (« J'ai des amis homos donc je ne suis pas homophobe »), emprunte la distinction entre la psychologie misogyne et l'idéologie sexiste. « Après tout, remarque-t-il, la misogynie n'empêche pas d'aimer les femmes[1]. » Cette analogie est-elle dès lors plus adéquate que le racisme pour penser stratégiquement l'homophobie ? Dans ce dernier cas, effectivement, « ne pas aimer les Noirs ou les Arabes, ou revendiquer l'inégalité des races, ce sont pour nous deux manières différentes de dire la même chose — l'une brutale et franche, l'autre euphémisée mais hypocrite[2] ».

---

1. *Ibid.*, p. 31.
2. *Ibid.*

Dans les débats récents, l'accusation d'homophobie était proférée par le lobby gay envers ceux qui étaient contre le mariage gay. C'est donc ici l'unité du mot et de la réalité « homophobie » qui est mise en avant (analogie avec le racisme). L'accusation d'homophobie a une charge rhétorique dont les effets d'intimidation ont produit déjà quelques résultats politiques. Mais Éric Fassin constate que cette accusation est vulnérable à une contre-attaque, qui consiste pour les accusés à nier toute homophobie sous prétexte qu'ils apprécient personnellement des homosexuels. « Je ne suis pas homophobe, la preuve mon meilleur ami est homo ! » L'accusé a alors beau jeu de prendre à partie l'opinion publique et d'accuser l'accusateur de le harceler. Sur quoi repose ce renversement ? « Pour être efficace, la riposte au discours anti-homophobe doit s'appuyer sur des sentiments partagés, sur une opinion commune, sur un bon sens établi. Bref, ce n'est pas dans le discours lui-même mais dans sa réception qu'il faut chercher les clés de son efficacité, dans l'accord entre sa rhétorique et son public[1]. » Or l'échec de cette première stratégie calquée sur la lutte contre le racisme vient du fait qu'elle heurte *encore trop le sens commun*. D'emblée, personne ne se sentant vraiment homophobe puisque tolérant, le refus de la reconnaissance égalitaire ne peut pas être immédiatement imputé à de l'homophobie.

Éric Fassin se rend compte que le bon sens bloque tout progrès de la cause politique telle que le lobby gay l'envisage. Il y a un trop grand décalage entre son propre discours et le discours reçu dans

© Éditions Eyrolles

---

1. *Ibid.*, p. 32.

l'opinion commune éclairée. Conclusion (provisoire) d'Éric Fassin : « En France aujourd'hui, parmi les gens éclairés, nul ne se veut homophobe (dans le premier sens, individuel), et tout le monde l'est (dans le second sens, idéologique). C'est pourquoi le malentendu, savamment entretenu, tourne à l'avantage de ceux dont l'ambiguïté repose sur cette combinaison paradoxale. [...] À dénoncer l'homophobie d'homophiles patentés, ne trahirait-on pas sa mauvaise foi ? Face à une tolérance notoire, ne serait-ce pas là faire montre d'une intolérance impardonnable ?[1] » Éric Fassin n'en reste pas à l'aporie relevée par Didier Eribon. Il utilise l'ambivalence du mot homophobie pour différencier deux stratégies distinctes en fonction du public visé.

Si on identifie les deux sens du mot (individuel-psychologique et collectif-idéologique), on suggère que la phobie personnelle anime secrètement le rejet idéologique et politique. Mais dès lors, on peut également par là aider les victimes de l'homophobie (c'est-à-dire, pour Éric Fassin, tous les homosexuels) à dénoncer l'hypocrisie homophobe chez ceux qui se déclarent d'autant plus tolérants envers les homosexuels que dans les faits, ils leur refusent toute égalité des droits. C'est ce que pense Didier Eribon quand il suggère que Renaud Donnedieu de Vabre est homophobe ! Cette stratégie de rupture consiste à provoquer un engagement politique chez des homosexuels qui pourraient s'acclimater d'une simple tolérance dont ils sont l'objet dans leur vie privée, et en arriveraient par là à oublier la cause, la reconnaissance politique. « Au lieu de les appeler à se satisfaire de la tolérance, cette dénonciation leur

---

1. *Ibid.*, p. 33.

fait entendre l'insulte dans le refus de reconnaissance. Autrement dit, la radicalité dans la définition participe d'une mobilisation des victimes de l'homophobie[1]. »

Ce dispositif s'appuyant sur l'unité du concept d'homophobie est éducatif ; il permet d'éveiller la conscience de ceux qui souffrent sans le savoir. Nous sommes ici proches du schéma marxiste-léniniste de la conscientisation du peuple par les professionnels éclairés (le Parti) afin que le peuple, objectivant son aliénation, s'engage dans la lutte révolutionnaire. Rappelons que, dans une telle optique, le paternalisme patronal a toujours été le pire ennemi de la lutte des classes, puisqu'il tend à anesthésier le sens politique des ouvriers.

Efficacité du concept d'hétérosexisme

Dans la seconde configuration, au contraire, on distingue les deux acceptions du terme homophobie. Quelle efficacité politique en tirer ? On suggère par là que l'idéologie inégalitaire produit le rejet des homosexuels et, pour ce faire, nul besoin que cette influence soit nommée comme telle. Elle a une objectivité au-delà des intentions personnelles. Si quelqu'un se dit homophile et qu'il est contre l'égalité des droits, il est de fait collaborateur à l'ordre social injuste et oppressif. De ces considérations, on peut induire une efficacité nouvelle auprès d'un autre public (non plus les victimes de l'homophobie). En effet, cette stratégie touche ceux qui veulent précisément échapper au soupçon d'homophobie : « S'ils désirent à tout prix se soustraire à cette accu-

---

1. *Ibid.*, p. 35.

sation, il ne leur suffira plus d'arguer de la pureté de leurs intentions. Il leur reviendra alors de prendre en compte les conséquences, même si elles dépassent leurs intentions, de l'idéologie inégalitaire[1]. »

Éric Fassin montre de manière habile comment le handicap repéré plus haut peut être transformé en atout décisif. En effet, là où l'accusation d'homophobie était discréditée car déniée sincèrement par des « gens éclairés » qui pouvaient prendre à témoin l'opinion commune (homophobe sans le savoir) de leur homophilie personnelle, il s'agit de les coincer à l'endroit même de leur bonne conscience en la soumettant à une pression intellectuelle. Mais comme on est entre gens bien élevés, il ne s'agit pas de les agresser en les accusant d'emblée d'hypocrisie. « Au lieu de soupçonner des intentions cachées, pourquoi ne pas faire crédit à ceux qui proclament leur refus de l'homophobie ? Il suffit alors de les sommer d'être conséquents, c'est-à-dire de prendre en compte les conséquences de l'inégalité : pour refuser l'homophobie, ils devront reconnaître qu'il faut choisir l'égalité. Sinon, ils seront condamnés à la mauvaise foi, d'autant plus inconfortable qu'elle deviendra manifeste aux yeux de tous[2]. »

Pour que ce processus fonctionne jusqu'au bout de manière efficace et lève l'hypothèque du retournement toujours possible de l'opinion (homophobe) en faveur de l'accusé, il est préférable de choisir un autre mot pour s'assurer de la victoire rhétorique. C'est là où la dualité misogynie-sexisme joue le rôle d'exemple, contrairement au racisme trop monoli-

---

1. *Ibid.*, p. 36.
2. *Ibid.*

thique. On aura ainsi ce type de propositions : « Tu n'es certes pas misogyne, mais alors tu dois aussi être contre le sexisme, qui entretient la misogynie des individus dans leurs comportements privés. » De même : « Tu n'es pas homophobe, puisque tu as des amis gays ; mais alors tu dois combattre l'*hétérosexisme* qui est cause de l'oppression dont souffrent les gays. » Le terme « hétérosexisme » permet à cette stratégie de ratisser effectivement large sans avoir les inconvénients repérés par Didier Eribon (« criminaliser le sens commun »).

Ce dispositif théorique a une redoutable efficacité car il « prend appui sur les valeurs revendiquées par notre société pour mieux faire honte à l'homophobie honteuse[1] ». C'est un levier vers le traitement collectif et idéologique de l'homophobie. Un homophobe, on peut l'envoyer se faire traiter. L'hétérosexisme, on ne peut le supprimer que par des changements dans les mœurs et dans les lois. Éric Fassin de synthétiser en proclamant que, si la finalité politique « est de faire entrevoir la lumière de l'égalité aux hommes de bonne volonté, mieux vaut sans doute condamner le péché (hétérosexiste) que le pécheur (homophobe)[2] ». L'action politique est conçue comme le moyen privilégié par lequel la conscience morale interne au sens commun peut être (ré)éduquée en recevant la bonne doctrine de l'égalité en soi des sexualités. On se trouve, paradoxalement et inconsciemment, dans les schèmes d'une politique platonicienne, voire chrétienne, dans lesquels la conduite politique est soumise à un ordre théorique à l'aune duquel le philosophe-roi doit l'orienter. Le philosophe-roi est

---

1. *Ibid.*, p. 37.
2. *Ibid.*

ici remplacé par le sociologue-roi, bien que la soumission du politique à de l'extra-politique (l'égalité des sexualités sous toutes leurs formes) soit farouchement niée par Éric Fassin. Cette incohérence fondamentale n'est pas tout de suite visible car elle repose sur la pluralité implicite de sens du mot « égalité », qui relève à la fois du vocabulaire politique mais aussi plus radicalement du vocabulaire anthropologique, Éric Fassin n'en restant qu'au premier registre.

On a failli dernièrement vérifier la fécondité pratique d'une telle approche rhétorique sur le gouvernement Raffarin lorsque celui-ci a présenté son projet de loi anti-homophobie en juin dernier[1]. Immédiatement le discours militant, notamment lors de « la marche des fiertés » (nouveau nom de La *Gay Pride*), a mis la pression sur le gouvernement en exigeant de lui la cohérence, l'acceptation du mariage gay, sous peine de dénoncer son hypocrisie. Le gouvernement a donc joué un jeu risqué en voulant faire de la lutte contre l'homophobie un dérivatif à son refus du « mariage gay ». Il s'était disposé à entrer dans la dialectique dont Éric Fassin expose les éléments principaux. Il aurait été d'ailleurs intéressant d'observer comment les députés ayant voté la loi pénalisant les propos discriminatoires auraient réagi quand le lobby l'aurait utilisée contre ceux refusant l'accès au mariage à deux homo-

---

1. Ce projet a finalement été incorporé à celui portant sur la création de la « Haute Autorité de lutte contre les discriminations et pour l'égalité ». La différence, non négligeable, est que le nouveau texte ne mentionne plus les propos discriminatoires, terme tellement large qu'il pouvait s'appliquer à tout ce qui est nommé ici hétérosexisme.

sexuels. En effet, la discrimination relève de l'ordre social, gouverné par l'hétérosexisme. Ce terme était donc, dans le projet de loi, directement proportionné à une poursuite pénale. On peut avoir la naïveté de penser que c'est davantage cette pression sur les élus que le lobby cherchait à obtenir plutôt que l'emprisonnement de quelques excités ayant crié : « Les pédés au bûcher ! »

Stigmatisation du bon sens en préjugé

Que doit-on entendre par ce terme « hétérosexisme » ? Il représente désormais le pivot de la lutte sociale et politique contre l'homophobie. *Le Dictionnaire de l'homophobie* en donne la définition suivante : « Principe de vision et de division du monde social, qui articule la promotion exclusive de l'hétérosexualité à l'exclusion quasi promue de l'homosexualité[1]. » L'hétérosexisme est une idéologie dominante, donc invisible pour ceux qui y sont soumis. Une de ses propriétés, comme le régime de la propriété privée pour Marx, est qu'elle structure de l'intérieur le *monde social*. Elle est vécue comme « toujours déjà là » et ne peut donc être objectivée, nommée. Selon le philosophe américain David Halperin, « l'hétérosexualité n'est jamais, en tant que telle, un objet de connaissance, l'objet d'une interrogation. Elle est la condition pour la connaissance censément désintéressée et objective des autres objets, et tout particulièrement de l'homosexualité. En constituant celle-ci comme un objet de connaissance, l'hétérosexualité se constitue elle-même comme le sujet privilégié du savoir en évitant ainsi de devenir

____

1. Louis-Georges TIN (dir.), Paris, PUF, 2003, p. 207 *sq.*

un objet de connaissance et la cible d'une critique possible[1] ». Cette critique, Jonathan Katz, l'a effectuée dans son ouvrage *L'invention de l'hétérosexualité*[2], qui retourne systématiquement le discours hétérosexiste contre lui-même afin de le prendre à son propre jeu. Ainsi note-t-il en introduction que « l'on se concentre rarement longtemps sur l'énigme de l'hétérosexualité » ; par exemple, « le désir intense de s'habiller dans les vêtements de notre propre sexe n'est-il pas un mystère qui mérite d'être expliqué[3] » ?

L'hétérosexisme désigne donc pour Jonathan Katz une idéologie totalisante qui oriente la manière de parler, de distinguer et de se tenir, à l'intersection du pouvoir et des savoirs. Cette totalité ne peut être saisie comme telle par un de ses éléments, car il tire sa propre identité de sa participation à cet ensemble. Pour découvrir ce conditionnement, il faut produire un écart, une distorsion à partir de laquelle le retournement du système peut être effectué. Ce retournement a pour effet d'en bloquer le fonctionnement. C'est pour cela que le terme d'hétérosexisme est récent (de même celui d'hétérosexualité) et qu'il est spontanément refusé par les membres de l'ordre social.

Au sens strict, le *terme* hétérosexisme semble impensable car la réalité qu'il désigne (l'idéologie structurant la vision et l'action de la société « normale » dans son ensemble) « empêche de penser en dehors des cadres de pensée qu'il institue *a*

---

1. *Saint Foucaut*, traduit de l'américain par Didier Eribon, Paris, EPEL, 2000, p. 62.
2. Traduit de l'américain par Michel Oliva et Catherine Thévenet, Paris, EPEL, 2001.
3. *Ibid.*, p. 20.

priori, point de vue sur le monde, mais point aveugle de ce point de vue[1] ». Le mot en lui-même a donc déjà une fonction révolutionnaire, car il permet de mettre à distance le système jusqu'alors englobant et par là de desserrer l'étau de son emprise, et ultimement de le détruire puisqu'il ne tire son efficacité que de son invisibilité qui le rend légitime comme l'air que l'on respire et l'évidence du bon sens. Le terme hétérosexisme a donc un potentiel critique extraordinaire puisqu'il permet de problématiser le bon sens en le dénonçant comme un super-préjugé. Il nous faudra interroger les présupposés de cette critique et notamment le statut que se donnent ces dénonciateurs. Ils semblent reprendre la posture freudienne et marxiste de la science supérieure décryptant les arcanes cachés du réel psychique et social. Cette position permettrait aux bienheureux initiés de récuser toute critique extérieure comme étant le signe de l'aliénation dans laquelle ces non-initiés sont pris : celui qui critique Freud est mu par son inconscient ; celui qui récuse Marx est mu par son intérêt inconscient à la préservation de l'ordre bourgeois.

Si l'hétérosexisme est d'abord un mot qui a été construit pour objectiver une aliénation, c'est que la réalité de la domination s'exerce en grande partie par le biais du langage commun. L'hétérosexisme existe d'abord comme un ordre du langage arbitrairement construit et véhiculé par des catégories. Celles-ci constituent la matrice à partir de quoi deux processus essentiels vont se structurer : premièrement, la production des *sciences humaines et sociales* grâce auxquelles les corps, les plaisirs, les

---

1. *Dictionnaire de l'homophobie, loc. cit.*

désirs etc. vont acquérir une intelligibilité. Deuxiè-
mement, la production des *identités subjectives*,
c'est-à-dire la manière dont les individus vont analyser leurs sentiments, leurs actes afin de se dire à
eux-mêmes qui ils sont. Ces deux productions sont
évidemment intimement liées, et leur critique ne
peut être que simultanée. Le terme hétérosexisme
permet de traiter ensemble le niveau social et le
niveau individuel, le premier déterminant en grande
partie le second. Or le langage est indissociablement
individuel et social. Il est même ce par quoi le plus
commun et le plus universel (les mots de la langue)
devient le plus intime et le plus personnel, ce par
quoi chacun se dit qui il est.

Examinons comment se réalise ce programme à
double face que David Halperin expose de la
manière suivante : « Si le pouvoir est partout, selon
Foucault, et si la liberté — avec la possibilité de
résister au pouvoir — est inscrite à l'intérieur même
de l'espace du pouvoir, où pourrons-nous situer les
points d'attaque, les lignes de fracture, les lieux les
plus vulnérables dans l'économie politique du discours hétérosexiste et homophobe afin de lui
résister ? Quelles possibilités la construction discursive de la sexualité crée-t-elle pour des contre-
pratiques discursives ? Quelles sortes de stratégies
anti-homophobes le dispositif de l'homophobie
rend-il possibles[14] ? »

Comment cette analyse critique des discours
savants est-elle concrètement mise en œuvre pour
les disqualifier comme hétérosexistes et militants,
c'est-à-dire secrètement politiques ? L'enjeu est ici,
pour le lobby gay, de rendre impossible, dans le

---

1. *Op. cit.*, p. 63.

débat démocratique sur l'égalité des droits, toute référence à une expertise extra-politique (anthropologique ou psychanalytique). Une analyse de type universitaire se présentant comme neutre et objective risquerait de fournir des limites non discutables à la discussion politique ; ce qui reviendrait à soumettre une revendication démocratique (la reconnaissance gay) à un critère relevant de l'ordre humain, par exemple la différence des sexes et le couple homme-femme, comme fondement du social, antérieur au politique. Il est donc urgent pour le lobby gay de réduire le savoir scientifique exclusivement à une forme de pouvoir. Comment nommer alors, dans l'optique du lobby, l'occultation (secrètement politique) de la nature politique du savoir dans le but de limiter la démocratie des mœurs au profit des seuls privilégiés (les hétérosexuels) ? Un coup de force fasciste ?

5

DU BON ET DU MAUVAIS USAGE DES SCIENCES

Lionel Jospin a fait sensation lorsqu'il a publié le 16 mai 2004[1] une tribune dans laquelle il soulignait sa ferme opposition à toute ouverture du mariage aux homosexuels. La réaction d'Éric Fassin à ses propos est révélatrice du traitement que le lobby entend appliquer à tout discours s'opposant à l'égalité des droits.

Démocratie et recherche de limites

Il déclare dans un entretien à *Libération* : « Épousant les analyses de son épouse Sylviane Agacinski, Jospin affirme que l'institution du mariage serait fondée sur un principe anhistorique, la différence des sexes. Si cette rhétorique rencontre un tel écho, c'est que, comme au moment du PaCS, ceux qui veulent dire non au mariage sont confrontés à une difficulté : peut-on s'opposer au

---

1. Dans *Le Journal du dimanche*, sous le titre « Mariage homosexuel : un problème d'institutions ».

"principe de l'égalité des droits" tout en échappant au soupçon d'homophobie ? Pour Jospin, c'est possible. La preuve ? *"C'est mon cas"* dit-il. Mais il lui faut bien chercher des justifications pseudo-scientifiques. L'argument de la différence des sexes rencontre le sens commun : pour faire un enfant, il faut un homme et une femme. C'est confondre la biologie et la sociologie : la filiation n'est pas la reproduction. Et il n'est pas sûr qu'on échappe à l'homophobie, lorsqu'on oppose la nature à l'homosexualité comme pour suggérer qu'elle serait "contre-nature"[1]... » Fidèle à la doctrine du lobby, Éric Fassin repère une injure potentielle dans le propos de Lionel Jospin. En effet, un argument fondé sur la nature biologique de l'être humain met les homosexuels hors jeu dans le domaine de la procréation, ce qui est donc une discrimination, signe de son homophobie.

Selon Éric Fassin, Lionel Jospin, gouverné plus ou moins inconsciemment par son homophobie, cherche des arguments scientifiques, autrement dit dans le vocabulaire du lobby, hétérosexistes pour la justifier. Ces arguments sont disqualifiés par Éric Fassin car intrinsèquement liés à la position dominante de celui qui les énonce. Ils ne peuvent être qu'une projection créée pour en asseoir la légitimité. On est donc, selon le point de vue marxiste, face à un système en boucle qui nie sa particularité, son enracinement social et politique et les intérêts qui y sont liés (la domination bourgeoise à l'époque, hétérosexiste aujourd'hui), pour s'auto-affirmer comme universel, neutre et désintéressé ; bref, en dehors du monde social qu'il prétend pourtant comprendre et régir. C'est pour cela qu'Éric

---

1. Entretien avec Blandine Grosjean, le 3 juin 2004.

Fassin parle d'une part de « rhétorique », discipline dont le but est d'exercer, par le discours, du pouvoir sur les foules en manipulant leurs passions ; d'autre part, de « justifications pseudo-scientifiques » qui flatteraient le sens commun. Or chacun sait que la science se mesure à la remise en cause critique des préjugés. Mais alors selon quelle perspective scientifique Éric Fassin parle-t-il lui-même afin de dénoncer sa contre-façon hétérosexiste ?

Il le laisse entendre lorsqu'il rectifie doctement l'erreur de Jospin (et de sa femme !) consistant à « *confondre* la biologie et la sociologie ». On pourrait se demander en quoi la sociologie est plus légitime scientifiquement que la biologie. Il répond : « La filiation n'est pas la reproduction. » Autrement dit, la biologie est certes une science mais c'est une science de la nature, elle n'a donc rien à faire ici. En revanche, quelle est la discipline adéquate pour traiter le problème social de la filiation ? La question comporte implicitement la réponse qu'Éric Fassin traduit. Si la filiation est le dispositif par lequel les sociétés humaines au cours des temps et selon différents paramètres culturels ont organisé le lien entre les générations, alors la sociologie peut seule fournir des éléments d'expertise légitime pour alimenter le débat démocratique. Alimenter, et non pas le rendre impossible en déclarant qu'un tel objet est par principe impensable et donc soustrait à la discussion sociale et politique.

Le présupposé sous-jacent est que la sociologie fournit des matériaux à la construction démocratique de limites, de règles, c'est-à-dire à la mise en ordre de la société par elle-même. Car finalement, ce qui est en jeu dans la question du mariage et de la filiation, c'est la signification que l'on prête à ces deux termes, soit pour en exclure par *définition*, justement, les homosexuels, soit au contraire pour les y inclure. Éric Fassin prétend donc qu'il y a un enjeu proprement politique dans le travail de définition et que la sociologie est une alliée objective de la démocratie dans cette tâche. Ce qui requiert simultanément de dénoncer l'usage dogmatique que certains font d'autres sciences humaines, psychanalyse et anthropologie principalement, leur demandant de fournir des définitions intangibles dans le seul but de clore toute discussion concernant le droit de la famille.

Qu'est-ce qu'une définition ?

Dans un long article, Éric Fassin avait déjà théorisé cette question de l'art de définir des termes (ici la famille) dont se sert la société pour se gouverner[1]. Ainsi pose-t-il l'alternative suivante : « La famille est-elle hétérosexuelle par définition — ou bien, à côté de la variante homoparentale, la famille qu'on pourrait dire "hétéroparentale" est-elle, non pas le modèle, mais un modèle parmi d'autres, fût-il largement majoritaire ? La définition de la famille rend-elle impensable la réalité des familles homoparentales ? À l'inverse, la réalité des familles homoparentales ne nous conduit-elle pas à repenser la définition de la famille[2] ? » Éric Fassin invente la mise en scène d'un bras de fer dont l'issue laisse ou non libre le champ au débat politique.

---

1. Pierre BOURDIEU le précède dans ce travail réflexif et critique (*Raisons pratiques*, Paris, Seuil, 1994, dans une annexe intitulée « L'esprit de famille », p. 135-145).
2. « Usages des sciences et science des usages. À propos des familles homoparentales », *L'Homme*, n° 154-155, avril-septembre 2000, p. 391.

En effet, soit la réalité empirique (ici les diverses formes de lien entre individus) doit être perçue et accueillie en fonction de catégories scientifiques universelles lui préexistant, et alors, dans l'exemple qui nous occupe, on pourra légitimement refuser de nommer *famille* cette association d'individus de même sexe élevant des enfants. On dira ainsi que l'anthropologie définit la famille comme l'institution qui articule « la différence des sexes et la différence des générations[1] ». La réalité empirique observable n'épousant pas ses propriétés, on ne lui attribuera pas le nom de famille. On peut évidemment faire le même raisonnement dans le cas du mariage. Si ce terme se définit comme étant l'institution unissant un homme et une femme, aucun lien entre deux personnes du même sexe ne pourra être signifié par ce mot. Ainsi, le débat démocratique sera clos avant même d'avoir commencé puisqu'en faisant appel à l'expertise scientifique, la revendication ne peut même pas être articulée dans un discours reçu comme légitime. On pourrait dire en toute rigueur que la revendication ne sera même pas entendue tant ici on attend que l'expertise *fonde* la norme politique en énonçant des limites intangibles (relevant de l'ordre humain) qui s'imposent à toute société.

Soit, au contraire, le discours scientifique s'appuie sur la réalité de la société. Dès lors, il cesse de fonctionner à partir de définitions universelles et *a priori*. Il accepte de construire les définitions à partir des usages relevés par l'observation. Dans ce cas, la science produit des termes dans le but de

---

1. Irène Théry, « Le Contrat d'union sociale en question », *Esprit*, n° 10, octobre 1997.

mieux comprendre la pluralité et l'évolution des pratiques sociales (les diverses formes d'association vont ainsi recevoir le nom de *famille*, mot par conséquent à mettre au pluriel). Ces définitions n'apparaissent plus comme des normes antérieures au politique mais comme des matériaux au service de la délibération législative. L'expertise scientifique informe la décision politique et nourrit le débat démocratique sans enlever à la société la tâche de fixer elle-même ses propres limites (mariage ou pas, adoption ou pas pour les gays et les lesbiennes). L'alternative que nous venons d'exposer a donc pour enjeu, d'une part, ce que l'on entend par l'acte même de définir et, d'autre part, ce que l'on attend de ce travail de définition sur la régulation sociale.

Éric Fassin résout cette problématique en deux temps ; le premier politique et le second épistémologique. Nous en verrons la concrétisation dans la manière dont il rejette catégoriquement la légitimité de l'anthropologie pour énoncer des normes communes à tout ordre humain, donc devant être respectées par les sociétés modernes démocratiques.

Toute définition scientifique est-elle politique ?

« Qu'est-ce que définir le mariage et la famille ? Faut-il les définir ? Et qui doit les définir ? Autrement dit, l'opération de définition scientifique elle-même, loin d'être un point aveugle, entre ainsi dans notre champ de vision — elle devient objet de réflexion[1]. » Éric Fassin exige que soit problématisé le travail de la définition (scientifique), afin qu'il ne soit plus un impensé dans la société, agissant à son

---

1.   « Usages... », *loc. cit.*, p. 392.

insu puisqu'il est invisible. Mais selon quel point de vue, quel site, Éric Fassin lui-même va-t-il effectuer un tel travail de problématisation du travail de la définition ? De deux choses l'une : soit ce travail sera extra-scientifique, de manière à le considérer tout entier, comme s'il était déployé devant le regard du non-spécialiste, de l'homme de la rue. Mais prêche-t-il alors pour une réhabilitation du sens commun naïf et non-critique ? Cela serait contraire à la posture prise par lui depuis le début. Soit ce travail sera scientifique, mais effectué par une science analysant les conditions sociales de la production des définitions. Si une telle science existe, cela ne peut être que la sociologie, discipline investie d'un savoir, au sens strict, exceptionnel. Or contre toute attente, Éric Fassin récuse cette alternative au profit, semble-t-il, d'une troisième voie.

« Dire les limites de la famille, ce n'est pas décrire ce qui est, mais prescrire ce qui doit être — et donc qui en est, et qui n'en est pas. Délimiter un dedans et un dehors, une zone d'inclusion et une zone d'exclusion, c'est à proprement parler un travail politique, et non pas scientifique[1]. » Définir doit s'entendre, selon Éric Fassin, comme le fait de fixer des limites, ce qui est le travail politique par excellence. Nous restons sur notre faim ! En effet, définir et délimiter sont certes des termes étymologiquement très proches, mais ils semblent s'appliquer à deux domaines bien distincts, celui de la connaissance d'une part et celui de l'action de l'autre. Éric Fassin ne fait-il pas un tour de passe-passe en identifiant les deux ? Le gain de l'opération serait la primauté donnée à l'action (politique) sur la

____

1. *Ibid.*, p. 394.

connaissance (scientifique) puisque l'objet à connaître est justement ici une réalité humaine et sociale dépendant d'actes aussi bien personnels (le fait de se marier et de procréer) que politiques (le mariage et la filiation relevant de lois décidées par des hommes). Autrement dit, la science serait disqualifiée dans son expertise normative vis-à-vis de la société car elle serait dépendante de l'état présent de cette société. Or les sociétés humaines sont en devenir et elles choisissent des modèles différents et évolutifs pour se réguler. Il y aurait donc, selon Éric Fassin, une part de naïveté ou d'hypocrisie à invoquer un ordre humain universel et anhistorique dont la science ferait son objet d'étude. Une telle option, toujours selon Éric Fassin, serait secrètement politique dans la mesure où, sous couvert d'affirmer incompétente la délibération politique pour un tel travail de définition, elle consacrerait bien, en réalité, un ordre social déterminé par ces limites, ces normes *déclarées* intangibles. Cette option serait alors rétrograde au sens strict car elle viserait à refuser toute évolution sociale (ici vers l'égalité des droits) en excluant volontairement du devenir historique ce qui s'y trouve, pour mieux conserver un état social dont certains tirent des privilèges (les hétéros bien sûr !). Éric Fassin joue de la proximité étymologique entre « définir », « dire les limites » et « discriminer » pour laisser entendre que toute définition concernant l'ordre humain est intéressée politiquement.

Une telle conception ne supprime-t-elle pas tout simplement la spécificité de la définition scientifique ? Si définir, c'est dire des limites au sens de les fabriquer, y a-t-il alors encore un sens à chercher à *connaître* comme tel ? Éric Fassin pose la question : « Pour éviter cet abus, les sciences sociales devraient-elles renoncer à définir ? » Question relayée par une autre, plus pertinente : « Ne leur faudrait-il pas plutôt réviser leur définition de la définition ? La critique politique est en effet indissociable d'une critique épistémologique[1]. » Non content d'avoir manifesté la primauté du politique sur le discours scientifique, il montre ce que la prise de conscience de cette primauté doit modifier la manière de considérer la science. Si l'épistémologie est étymologiquement le discours sur la science et que tout discours s'inscrit dans un contexte social et politique particulier, alors la science elle-même ne peut prétendre s'en extraire, pour le juger ou le diriger.

La sociologie, reine des sciences

Éric Fassin montre que le chercheur en sciences sociales a pour but de définir son objet *a posteriori* en s'appuyant constamment sur l'observation… de la société. Or « la société, avant les sciences sociales, est engagée dans un travail permanent de définition et de redéfinition : l'histoire sociale et la sociologie historique rendent compte de ce travail. Pour le savant, il est non seulement de mauvaise politique, mais aussi de mauvaise méthode de se substituer aux acteurs sociaux en imposant par la science sa représentation du monde social. La définition n'est pas un instrument scientifique objectif et neutre : elle est l'enjeu de luttes politiques. Pour ne pas être instrumentalisées, les sciences sociales doivent donc prendre pour objet l'histoire politique des définitions. C'est pourquoi la

---

1. *Ibid.*, p. 395.

définition de la famille ne saurait être posée par le savant[1]. » La boucle est bouclée. Fort de son principe que c'est à la société de définir, c'est-à-dire en fait de dire les limites, et non pas à la science, Éric Fassin conclut que la science n'a pour travail que d'objectiver ce travail social de définition. C'est trop beau pour être vrai !

La cohérence du propos cache mal sa circularité. En effet, il y a cohérence à souligner que la sociologie veut connaître le social. C'est même de bonne méthode qu'elle se limite strictement à son objet. Or cet objet n'est pas inerte, identique à lui-même, bref éternel et anhistorique mais, au contraire, perpétuellement mouvant, hésitant, en débat. Dès lors le savant, loin de se substituer à la société qu'il étudie pour déduire d'une société idéale les normes et les définitions, n'a qu'à se mettre humblement à l'écoute de ce que la société dit d'elle-même. Cette parfaite subordination de la définition scientifique (sociologique) à la définition produite par la société politique révèle que, loin d'avoir argumenté, Éric Fassin en est resté au même endroit, c'est-à-dire à son présupposé initial : « tout est politique », même la science ! Ce sophisme vient du flou qui est entretenu autour du mot science. De quelle science Éric Fassin parle-t-il ici ? En effet, tout dans l'ordre humain est-il objet de la sociologie et de l'histoire ? Si le sociologue l'affirme, on comprend que tout y soit *vu* en devenir et produit socialement, puisque par définition c'est ce que *ces deux* sciences cherchent à connaître. Mais dire que *tout* est objet de sociologie et d'histoire dans le monde humain, c'est tenir paradoxalement une position extra-sociologi-

---

1. *Ibid.*, p. 396.

que et extra-historique de nature idéologique, bref un préjugé.

Aveugle face à ces difficultés, Éric Fassin poursuit : « Le savant ne peut nous dire la "vérité" de la famille ; sa tâche est d'abord d'étudier les batailles qui se livrent autour de telles représentations. On retrouve l'avertissement de Pierre Bourdieu, faisant écho à la pensée de Michel Foucault : ce sont les rapports entre savoir et pouvoir qui se jouent dans l'idée même de vérité. C'est pourquoi le sociologue (et il en va de même pour l'anthropologue) "est celui qui s'efforce de dire la vérité de luttes qui ont pour enjeu — entre autres choses — la vérité[1]". Fût-il expert, il doit donc refuser la tentation, héritée du philosophe-roi, de définir la vérité de la société à la place des acteurs sociaux. La critique épistémologique rejoint la critique politique[2]. » En fait, elle ne l'a jamais quittée ! On a bien assisté à une brillante *réduction* de toute connaissance à une logique politique.

Le présupposé est que toute connaissance résulte d'une domination d'autant plus efficace qu'elle se rend invisible et indolore. Ce rapport de forces détermine donc l'état actuel de la science. Dès lors, cette solution permet à Éric Fassin de gagner sur deux tableaux. Nous avions noté plus haut qu'il s'agissait pour lui de problématiser le travail scientifique de la définition, qui stratégiquement pouvait apparaître comme un obstacle à la réception sociale de la revendication des droits, la rendant inaudible parce qu'impensable. Nous avions alors demandé selon quel site il pouvait effectuer ce travail de

---

1. Citation de Pierre BOURDIEU, *Leçon sur la leçon*, Paris, Éd. de Minuit, 1982, p. 12.
2. « Usages... », *loc. cit.*

problématisation. Son propos semblait récuser l'alternative que nous posions entre un site extra-scientifique (mais alors fallait-il réhabiliter la perception courante qui peut passer pour naïve ?) ou bien un site scientifique (mais alors cette science était dotée d'un statut unique puisqu'elle offrait un point de vue englobant sur toutes les autres sciences). Éric Fassin nous laissait entendre que ce site n'était en fait que la société elle-même, qui seule avait à assumer ce travail de délimitation par le biais du débat démocratique, de ses luttes politiques. Cependant, il nous dit *in fine* que ces luttes politiques constituent l'objet propre... de la sociologie qui est, qu'on le veuille ou non, une discipline dont le but officiel est de connaître et non pas de militer. En quoi Éric Fassin gagne-t-il donc sur les deux tableaux ?

Tout d'abord, il peut conclure que les sciences n'ont pas à jouer de rôle normatif en fixant des définitions *a priori* qui excluraient du débat démocratique certaines revendications... justement démocratiques. En effet, si les sciences fonctionnent ainsi, c'est que le savant — qui par ailleurs est aussi un citoyen — joue de sa position de savant pour peser sur d'autres citoyens et leur imposer ses vues (de citoyen) grâce à sa légitimité de savant. Bref, il joue (lui aussi !) sur les deux tableaux, c'est-à-dire utilise son savoir comme un pouvoir. Il le fait pour bloquer le fonctionnement de la démocratie.

Ayant exclu la science de toute légitimité politique, Fassin peut *in extremis* sauver *une* science, la sociologie, c'est-à-dire la sienne, car elle seule est adéquate pour saisir les luttes dans et à travers lesquelles la société se dit à elle-même ses limites. La sociologie est une discipline qui peut offrir de bons et loyaux services à la cause démocratique, car elle permet de dissoudre la prétention des autres sciences à bloquer ce travail de définition à l'œuvre dans le débat politique. Ainsi le savant sociologue peut-il vivre en paix car, comme par miracle, son aspiration citoyenne rejoint sa vocation de savant[1] ! Il peut intervenir dans des colloques scientifiques pour expliquer en quoi les savants n'ont pas à confondre leur métier de savant et leur travail militant. Il peut même s'appuyer sur l'autorité (scientifique !) de Claude Lévi-Strauss qui le conforte dans son combat (savant *et* militant) lorsqu'il écrit : « Les choix de société n'appartiennent pas au savant en tant que tel, mais — et lui-même en est un — au citoyen[2]. »

Il nous reste à comprendre comment le lobby gay peut soutenir, sans contradiction, a) que tout dans l'ordre humain est politique, b) que la politique n'est qu'un rapport de forces *particulier* en perpétuelle évolution et c) que l'égalité des droits de l'être humain est un principe *universel* régulateur de toute vie politique légitime, c'est-à-dire démocratique. En effet, en quoi a et b ne rendent-ils pas tout simplement impossible c ? Avant d'interroger les prémisses philosophiques sur lesquelles Éric Fassin repose, il convient de continuer notre enquête sur la disqualification de tout discours extra-politique utilisé comme fondement de la décision politique. Un des obstacles les plus massifs à la revendication homosexuelle des droits en matière de mariage et de filiation est le discours de la psychanalyse.

---

1. Cette posture rejoint, là encore, celle de Pierre BOURDIEU, qui en explicite les présupposés dans *Science de la science et réflexivité*, Paris, Raisons d'agir éditions, 2001.
2. Cité dans *Au-delà du PaCS, op. cit.*, p. 110.

6

L'ORDRE SYMBOLIQUE, VOILÀ L'ENNEMI !

Didier Eribon pose à la psychanalyse une question en forme de verdict : « Peut-on réformer la psychanalyse ? Et pourquoi ? Plus radicale, et moins confortable serait sans doute l'attitude qui consisterait à se demander si, au fond, la conceptualité même des textes fondateurs de la psychanalyse n'impliquait pas la nécessité de cette fermeture qui s'est si vite mise en place. Et si ce n'est pas toute cette conceptualité, par conséquent, qu'il faudrait rejeter. Je veux dire : toute la psychanalyse ; la psychanalyse en tant que telle[1]. »

Psychanalyse et ordre symbolique

Pour comprendre cette remise en cause radicale, il faut s'avoir que la psychanalyse a été un réservoir

---

doctrinal dans lequel les opposants à la légitimation sociale de l'union homosexuelle, et *a fortiori* de l'homoparentalité, ont puisé nombre de leurs arguments. Un des plus utilisés consistait à dire que l'institutionnalisation de l'homosexualité remettait en cause l'« ordre symbolique ». Irène Théry, s'appuyant sur la réflexion de Pierre Legendre[1], à l'intersection du droit et de la psychanalyse lacanienne, caractérise ainsi l'ordre symbolique : « C'est l'ensemble des distinctions anthropologiques majeures (différence des sexes et des générations), indispensable la fois à l'être ensemble des sociétés humaines, auquel il accorde signification, et aux individus dont la construction comme sujets dépend de leur inscription dans l'univers de l'institution[2]. » Cette notion d'ordre symbolique a été un des nœuds du débat sur le PaCS ; elle a donc focalisé une grande partie des attaques. Le PaCS voté, assisterait-on à une sorte de règlement de comptes ? Plutôt que d'interpréter les critiques de la psychanalyse par les gays comme l'expression d'un ressentiment, il nous paraît intéressant de se demander ce qui gène le lobby dans le discours psychanalytique, et la manière dont il cherche à faire valider une autre fonction pour cette discipline, indissociablement pratique et théorique.

Comme pour l'anthropologie, la tension va se cristalliser dans l'opposition entre un ordre humain

---

1. Psychanalyste et juriste, disciple de Lacan, enseigne à l'EHESS ; il a développé ce qu'il appelle une « anthropologie dogmatique » dans laquelle il cherche à comprendre l'institution sociale de sujets individuels libres grâce au droit.
2. « Le contrat d'union sociale en question », *Esprit*, n° 10, octobre 1997, p. 174.

réputé universel et immuable, et des formes historiquement particulières et donc changeantes et révisables. Voyons comment Éric Fassin, fidèle à sa méthode de mise en perspective sociale et historique des débats, présente l'enjeu auquel la psychanalyse est, d'après lui, confrontée. À la manière de Daniel Borillo affirmant que l'interrogation digne de l'enquête scientifique n'est plus l'homosexualité mais l'homophobie, Éric Fassin retourne le dispositif habituel de théorisation de l'objet (l'homosexuel) vers le sujet (la psychanalyse homophobe). « C'est aujourd'hui l'homosexualité qui interroge la psychanalyse. Dès lors que l'homosexualité pose moins problème, c'est l'ordre symbolique qui ne va plus de soi : avec l'explicitation du débat public, l'évidence des normes a cédé la place à une interrogation sur le processus normatif[1]. »

De fait, pendant plus d'un siècle, les homosexuels ont été constitués en objet d'étude et de traitement par les psychanalystes et plus encore par la doctrine de la psychanalyse à partir de sa théorie de la sexualité. Éric Fassin diagnostique une inversion de l'orientation. L'objet passif et soumis (l'homosexuel) devient lui-même sujet libre et responsable d'un questionnement sur le processus et les normes à partir desquelles il était jusqu'alors observé. Un tel retournement provoquerait, comme les vases communicants, un déplacement de l'attention et amènerait celle-ci exclusivement sur la psychanalyse. On peut s'étonner d'une pareille restriction du champ d'analyse. Pourquoi faudrait-il qu'il y ait exclusivité ? Finalement ne peut-on pas s'intéresser

---

1. « L'inversion de la question homosexuelle », *Revue Française de Psychanalyse*, n° 1, 2003, p. 264.

en même temps et aux homosexuels et à la psychanalyse ? La psychanalyse s'est intéressée aux « homosexuels » et a contribué à la formation et à la diffusion du terme. Mais pour elle, les homosexuels manifestaient un dysfonctionnement, objet d'un possible soin. La théorie de la sexualité de Freud considère, en effet, que la sexualité est une histoire dont le but est l'intégration progressive des diverses pulsions sexuelles partielles dans une organisation psychique tournée vers un adulte de l'autre sexe. L'homosexualité correspond donc à un arrêt dans ce développement et manifeste une certaine forme d'immaturité affective.

La sexualité selon Freud

Le diagnostic freudien est posé grâce à la mise en œuvre de normes de développement. Certes, il y a une histoire du sujet sexué, mais Freud admet comme allant de soi que la maturité sexuelle consiste en l'union de deux personnes de sexe différent. Dans cette construction psychosexuelle, l'homosexualité apparaît comme un raté dans l'histoire du sujet. Pour Freud, les pulsions ne sont pas comme telles finalisées naturellement vers cette construction, mais c'est l'intégration des exigences sociales qui permet d'advenir à cette vie sexuelle socialement féconde, notamment par le biais des relations complexes que l'enfant tisse avec chacun de ses parents. Ces normes sont alors indissociablement psychiques et sociales ; impossible pour Freud de considérer le psychisme à l'état pulsionnel pur. L'être humain est toujours déjà pris dans des relations humaines, c'est-à-dire toujours déjà inscrit dans la société, celle-ci étant régie par des lois, des codes et des exigences qui sont en grande partie invisibles parce que totalement intériorisées par les sujets socialisés. C'est même cette intériorisation par les sujets qui les socialise et les constitue comme tels.

Si la psychanalyse repose sur une conception du sujet sexué et donc de l'homosexuel, on comprend qu'Éric Fassin puisse dire en jouant presque sur les mots : « Les psychanalystes semblent n'intervenir que pour rappeler la loi ; mais, du même coup, ils rappellent aussi qui fait la loi : c'est l'analyste, malgré qu'en aient les homosexuels — et avec eux tous ceux qui prétendent bouleverser l'ordre symbolique[1]. » Dès que les homosexuels sortent du « placard » et rejettent comme discriminatoires les traitements sociaux et politiques qu'ils subissent, ils mettent la psychanalyse en porte à faux. En effet, dans la mesure où, pour elle, le développement psychique est intrinsèquement lié à l'intégration dans une vie sociale dont le sujet intègre les normes, de deux choses l'une :

* Soit, la légalisation du couple et de la famille homosexuelle apparaît, au regard de la théorie psychanalytique, comme une absurdité dont l'effet immédiat est la destruction du système des normes à partir desquelles les psychismes pouvaient se structurer[2] ; mais dans ce cas, son opposition

---

1. *Ibid.*, p. 265.
2. Cf. par exemple Pierre LEGENDRE lorsqu'il dénonce une politique vouée à « casser les montages anthropologiques au nom de la démocratie et des droits de l'homme. [...] On ne peut pas fabriquer du mariage homosexuel et de la filiation unisexuée ou asexuée à l'usage des homosexuels, sans mettre à bas toute la construction à l'échelle de la culture » (« L'essui-misères », *Le Monde de l'éducation*, décembre 1997, p. 37).

est vue comme rétrograde et interprétée comme le signe d'une obscure volonté de pouvoir. La psychanalyse serait alors en elle-même depuis le début homophobe, elle ne serait que le bras armé de la « bourgeoisie hétérosexuelle » dont le but principal serait de repérer et de normaliser les déviances par rapport à l'ordre établi. C'est ce qu'exprime Didier Eribon dans le texte cité plus haut.

❖ Soit, la demande de reconnaissance sociale des homosexuels est entendue par les psychanalystes, mais alors il s'agit de réformer les bases de la théorie de la sexualité afin de faire droit à l'exigence de légitimation d'une disposition psychosexuelle nommée jusque-là perverse (c'est-à-dire bloquée à un stade de développement). Dans une telle optique, la psychanalyse perd un pan entier de son objet et de sa grille de lecture du psychisme humain. Car cette prise en compte requiert une redéfinition et un réaménagement complet des concepts centraux. Pour Éric Fassin, c'est bien sûr cette deuxième possibilité que l'histoire récente appelle.

Politique de la psychanalyse

En effet, « si le vote de la loi (sur le PaCS) marque en France la défaite historique de la Loi, c'est aussi l'occasion de repenser la discipline : qu'en advient-il si elle n'est plus en mesure de dire et, *a fortiori*, de faire la loi ? C'est l'actualité politique et sociale qui l'oblige à s'interroger[1]. » Jouant ici sur le mot « loi », Fassin interprète comme une défaite de la

---

1. « L'inversion… », *loc. cit.*, p. 269.

psychanalyse le vote d'une nouvelle législation. La psychanalyse étant à ses yeux un instrument de pouvoir pour normaliser des sujets, elle acquiert une dimension proprement politique. On peut alors interpréter le vote d'une nouvelle loi comme sa propre défaite. C'est faire fi d'une différence d'ordre entre la loi psychique et la loi sociale.

Mais n'est-ce pas la doctrine de Freud, de Lacan et de leurs épigones qui fournit à ses critiques les verges pour se faire battre ? Car l'idée même d'une construction du sujet à partir de son insertion dans un tissu de relations (sociales) lui préexistant semble fortement indexer le psychisme sur le social. Une transformation de celui-ci (et comment le social ne serait-il pas pris dans le devenir historique ?) impliquerait alors une même transformation du développement psychique sans sombrer pour autant dans la barbarie.

Comme le fait remarquer le psychanalyste Michel Tort, le discours des psychanalystes sur l'« ordre symbolique » et la « différence des sexes » semble être « un discours circulaire qui renvoie dans son fondement de la politique au droit, du droit à l'anthropologie, de l'anthropologie à la psychanalyse et de celle-ci au droit etc.[1] ». Reprenant les analyses d'Éric Fassin, Michel Tort conclut que cette circularité serait en fait un dispositif politique cachant son propre fonctionnement pour accroître son pouvoir, dès lors d'autant plus puissant qu'exercé au nom d'un ordre légitime se présentant comme en dehors du jeu politique.

---

1. « Quelques conséquences de la différence "psychanalytique" des sexes », *Les Temps modernes*, n° 609, juillet-août 2000, p. 176.

On voit que cette réduction de toutes ces disciplines au politique est elle-même soumise à un présupposé, déjà rencontré, qu'il va falloir questionner : tout discours, tout savoir est pris dans un jeu de pouvoir. En effet, celui-ci une fois admis, plus rien ne semble devoir faire obstacle à une revendication politique exprimée dans le langage des droits de l'homme et de la démocratie. Le droit semble être le fruit du politique ; n'est-ce pas en effet le législateur élu par le peuple qui fait la loi ? Mais alors aucun droit ne préexiste à la loi qui le formule et donc le fait exister. Dès lors, la critique se retourne contre les gays radicaux : au nom de quoi réclament-ils la reconnaissance de droits, sous-entendus non encore inscrits dans les lois ? C'est bien que *pour eux aussi*, tout comme pour les psychanalystes qu'ils dénoncent comme anti-démocrates, il existe une strate du droit antérieur au rapport de forces du jeu démocratique. Leur critique repose sur une contradiction.

Si donc la psychanalyse, selon Éric Fassin, doit prendre en compte le fait que la loi a été faite sans et contre elle, elle se retrouve devant une alternative fondamentale : soit elle change, soit elle disparaît progressivement du champ social en se marginalisant dans une attitude rétrograde. Il y va donc de sa survie que de savoir se repenser à partir de la nouvelle situation, cette démocratie (radicale) des mœurs qui semble être le mouvement inéluctable de l'histoire moderne. C'est à cette tâche que travaillent certains psychanalystes, dont Sabine Prokoris, normalienne et agrégée de philosophie, qui a explicité peu à peu les racines de sa critique de l'expertise psychanalytique.

Remodelage gay de la psychanalyse

Tout commence dans la manière dont on comprend ce qu'elle nomme, à la suite de Michel Foucault, le « dispositif » de la cure analytique. En effet, la relation entre l'analyste et l'analysant est souvent perçue comme un rapport inégalitaire entre celui qui écoute et celui qui parle, immergé dans sa souffrance et incapable d'en discerner les racines inconscientes. Il en est bien souvent ainsi, selon elle, mais alors la pratique psychanalytique est à juste titre traversée par une domination, celle-ci rejouant en fait l'asymétrie des relations de pouvoir au sein de la société. Or le dispositif tel que Freud l'a conçu est, d'après elle, beaucoup plus égalitaire. À la règle de la libre association chez l'analysant, correspond celle de l'écoute flottante chez l'analyste. Il ne s'agit pas pour celui-ci de recevoir le discours de l'aliéné en en interprétant la vérité, mais bien de se laisser dériver dans ce jeu perpétuellement mobile qu'est le psychisme inconscient. Dérive d'autant plus nécessaire que la deuxième règle fondamentale de la cure est que l'analyste soit lui-même analysant ; lui aussi est inséré dans ce travail qui consiste à débrouiller les nombreux fils normatifs à partir desquels notre existence de sujet socialisé s'est tissée. Cette réversibilité des rôles doit empêcher toute fixation dans une position de surplomb inégalitaire ; au royaume de l'inconscient, il n'y a pas de hiérarchie stable liée à un savoir théorique. Mais alors qu'entendre par ce terme d'inconscient ?

L'inconscient n'est pas une sécrétion naturelle de l'individu dont le dysfonctionnement devrait être conjuré par des paroles libératoires et purificatrices. Jacques Lacan définit l'inconscient comme « le discours de l'autre ». Or il y a au moins deux manières de comprendre cette elliptique expression. L'une, qu'elle récuse, considère l'inconscient comme « une instance transcendante, précieux tabernacle d'un ordre immuable, déposé au plus profond de chacun, ordre que la cure aurait pour fonction d'avérer. Ce qui signifierait alors que l'analysant vient consulter le psychanalyste afin d'obtenir de lui une sorte d'initiation aux mystères, aux mystères du sexe notamment[1] ». L'autre, qu'elle agrée : « L'inconscient, c'est pour un sujet l'ensemble puissant, actif, de ses liens refoulés à d'autres sujets. Liens, saturés d'intensités affectives (peur, amour, haine, colère...) où leur emprise, variable, trouve ses sources, liens qui le constituent, lui assignent ses points de repère, et partant de ses conditions d'existence, voire de survie psychique, sans jamais cesser d'exercer sur lui leurs effets[2]. »

On appréciera la différence de registre dans la présentation des deux acceptions de l'expression lacanienne : l'une formulée dans le registre de la métaphore moqueuse (tabernacle, initiation, mystère), connotant son caractère farfelu et peu consistant ; l'autre exprimée avec toute la rigueur conceptuelle manifestant sa crédibilité et son assise clinique. L'inconscient renvoie ici à la manière dont le sujet a émergé au sein d'une relation d'emprise (principalement relation aux parents) par laquelle se sont mises en place des normes d'existence. Celles-ci ne doivent donc en aucun cas être comprise comme renvoyant un ordre anthropologique en soi auquel l'individu devrait se soumettre. Ces normes

---

1. Sabine PROKORIS, *Le sexe prescrit La différence sexuelle en question*, Paris, Aubier, 2000, p. 45.
2. Sabine PROKORIS, « L'adoration des majuscules », dans *Au-delà du PaCS, op. cit.*, p. 148.

sont bricolées à partir des différentes relations dans lesquelles est tissée sa subjectivité. « L'historicité, pour chaque sujet, de ces normes, si elle est bien ce qui les fait contingentes, donc susceptibles de modification, est aussi ce qui en est refoulé[1]. » On a ici l'explication du rejet par Sabine Prokoris de la première acception du « discours de l'autre ». Celui-ci n'est pas un ordre symbolique surplombant l'histoire à la manière des Idées platoniciennes ou du Verbe chrétien (deux références essentielles pour Jacques Lacan ; mais Sabine Prokoris ne cherche pas à saisir ce que Jacques Lacan pensait). Il renvoie à cette matrice produite sous l'effet de la relation d'emprise. Seulement cette origine, dans le devenir singulier d'une vie, est niée, refoulée. Il y a un effacement de l'historicité des normes qui leur permet évidemment de peser sur le sujet. C'est là que le travail de la cure intervient. Les normes d'existence qui constituent le sujet sont aussi parfois (toujours ?) ce qui le met en crise et en profonde souffrance.

Si alors on considère la psychanalyse comme un savoir théorique à partir duquel l'analyste va édicter la vérité du désir de l'analysant afin qu'il revienne à la normalité sociale, alors loin de soulager la souffrance, le dispositif psychanalytique ne fait que la renforcer en travaillant à mieux en enraciner les causes chez le sujet. On voit comment l'inégalité dans la cure est intrinsèquement liée à une domination d'un savoir, instrument du pouvoir social. Sabine Prokoris n'a pas de mots assez virulents pour stigmatiser ce qui pour elle est une trahison de la mission de la psychanalyse.

---

1. *Ibid.*, p. 153.

« Autodéflagration de la position à tenir, si le patient travail à mener en vue d'un possible relâchement des emprises fixant les normes d'existence mal adéquates aux mouvements d'une vie, se voit ruiné par le projet inverse : leur restauration définitive puisque dorénavant sacrée. Où la norme, révisable, et par là condition d'une vie vivante, se verra transmuée en Loi intouchable. Bien méchante alchimie. Mortifère à tout coup[1]. » Cette opposition entre la vie et la mort permet de dramatiser le caractère oppressif d'une pratique psychanalytique orthodoxe rendue responsable de l'éclatement de certaines personnalités. Cette opposition est redoublée par celle du mouvement et de l'immobilité, qui engage le lecteur à penser que la vie étant source de mouvement, tout ce qui le permet va dans le sens de la vie. L'enjeu de la cure est donc de faire évoluer ces normes d'existence, de réintroduire les possibles dans ce tissu qui apparaissait définitivement figé. Il s'agit d'imaginer des normes nouvelles permettant au sujet de se reconstruire. « De ce fait, et parce que ces normes entrelacent les normes sociales et les figures du pouvoir au plus intime de ce qui nous fait, la psychanalyse est une pratique de part en part politique. Au singulier[2]. »

Là encore, la boucle est bouclée ! En effet, en n'abordant la psychanalyse que selon l'angle politique du pouvoir, puisque c'est ainsi qu'est interprété le refus de soutenir la revendication (politique) à l'égalité des droits, elle n'est vue que comme une entreprise de part en part traversée par des enjeux de pouvoir, et ce à deux niveaux. Au niveau individuel de la cure, car le pouvoir de l'analyste s'adosse

---

1. *Ibid.*, p. 159.
2. *Ibid.*

au soi-disant savoir théorique de l'ordre humain qu'il posséderait, principalement sexuel. Au niveau social, car il y a une troublante convergence d'intérêts entre l'issue de la cure et le maintien de l'ordre social, hétérosexiste. Mais ce par quoi la psychanalyse asservit, assujettit, peut aussi être utilisé pour libérer et rouvrir le champ des possibles que le dispositif social s'était ingénié à fermer.

Ce qu'effectue brillamment Sabine Prokoris, c'est une reconstruction de la théorie de la psychanalyse à partir de son instrumentalisation politique... afin que cette théorie puisse en retour asseoir le bien-fondé d'une reconstruction du sujet. Non pas que cette reconstruction serait déduite d'une nouvelle norme, ce qui serait une contradiction trop évidente, mais au contraire dans la mesure où cette théorie implique la mort de tout savoir normatif pour rendre possible la créativité renouvelable du sujet sur lui-même. « Foucault proposait d'aller vers des relations qui soient innommées, c'est-à-dire non formatées par le symbolique. Dans le discours du symbolique, ce qui est hors du symbolique, c'est carrément innommable : pas humain. Mais "l'innommé", ce n'est pas l'innommable, c'est ce qui pourrait être nommé. Inventer de nouvelles formes de vie, ça ne veut pas dire qu'il n'y a pas d'ordre, de symbolisation. Il faut prendre le droit, le courage, le risque de nommer de nouvelles figures relationnelles, de donner accès à la cité à ce qui, de toute façon, se vit dans la richesse des expériences[1]. » Une telle argumentation servait, à l'époque, à faire droit à la revendication du PaCS, mais elle peut ser-

---

1. Entretien avec Dominique Le Guilledoux, dans *Libération*, 3 novembre 1998.

vir pour le mariage gay et l'adoption. Elle peut aussi, dans une parfaite continuité, servir à découvrir la richesse de créativité d'autres pratiques.

Éloge de l'inceste comme création sexuelle

C'est ce que repère Didier Eribon, qui perçoit chez François-Paul Alibert (1873-1953), romancier, ami de Gide, cette « tâche d'élargir le champ du possible, de repousser au maximum les limites de l'indicible[1] » En quoi cet auteur mérite cette louangeuse qualification ? Didier Eribon nous le révèle : « Quelle confidence le jeune adolescent du roman fit-il à son amant, lorsque celui-ci lui demande qui l'initia à la sexualité ? Le récit qui constitue sa réponse est aussi beau que perturbant, car il déroule l'aveu de ce qui est inavouable, et exalte avec émotion ce qui est considéré comme l'interdit majeur : à quinze ans, il passa une semaine à faire l'amour avec son père. Faire l'amour au sens le plus sexuel du terme. Et tous les détails nous sont donnés. Mais au sens également où il s'agissait de faire advenir et exister une relation amoureuse[2]. » L'ambivalence du mot « faire » permet de jouer sur les significations. Comment l'agencement des corps pour *créer* des plaisirs est-il aussi le moyen de se construire *soi-même* et de déconstruire l'assujetissement qui nous a jusqu'alors constitué ? Assujetissement dont la psychanalyse est, comme nous venons de le voir, un des dispositifs les plus efficaces.

Didier Eribon continue : « Le roman d'Alibert semble s'offrir d'une manière si évidente et si absolue aux filets de l'interprétation psychanalytique

---

1. Préface de *Le Fils de Loth*, La Musardine, 2002, p. 26.
2. *Ibid.*, p. 20.

qu'on finit par penser qu'il ne peut fonctionner que comme un piège où elle viendra se prendre avant d'être déjouée, défaite. C'est comme si Alibert avait voulu se rire par avance de la vulgate psychanalytique qui veut expliquer l'homosexualité par l'"Œdipe inversé"[1]. » Le roman d'Alibert serait une sorte de trou noir dans lequel la psychanalyse viendrait se disloquer avec ses prétentions normatives à énoncer la vérité de l'ordre sexuel. Toute volonté de savoir et de comprendre le sens de la sexualité proprement humaine se fracasserait devant cette fiction. Elle permettrait d'affirmer que « dans le désir homosexuel, il n'y a rien à expliquer. C'est un désir naturel. Et naturel au point de s'accomplir souverainement dans la relation la plus immédiate que puisse offrir la nature : entre l'engendreur et l'engendré[2] ».

À la question de savoir *si les homosexuels pouvaient par leurs dires ou leurs actes causer de l'homophobie*, le même Didier Eribon avait répondu en retournant la question pour savoir s'il serait venu au journaliste l'idée que l'antisémitisme était causé par le comportement des juifs ! On appréciera désormais une telle réponse à l'aune de cet éloge de la création gay de possibles innommés... dans ce texte-préface que Didier Eribon a néanmoins nommé... « Filiations » !

---

1. *Ibid.*, p. 24.
2. *Ibid.*, p. 25.

7

LA SEXUALITÉ
SELON FOUCAULT

La pensée de Michel Foucault constitue le fondement conceptuel du lobby gay. La critique interne de la psychanalyse à laquelle Sabine Prokoris procède est nommément inspirée par la démarche de Michel Foucault. Didier Eribon, Éric Fassin, Daniel Borillo s'y réfèrent, en reprenant des travaux américains largement inspirés par Michel Foucault[1].

La guerre de Foucault

Pour entrer dans la démarche de ce penseur, partons de sa réponse à la question : « Comment vous définiriez-vous ? » « Je suis un artificier. Je fabrique quelque chose qui sert finalement à un siège, à une guerre, à une destruction. Je ne suis pas pour la destruction, mais je suis pour qu'on puisse passer, pour qu'on puisse avancer, pour qu'on puisse faire tomber les murs. Un artificier, c'est d'abord un géologue. Il regarde les couches de terrain, les plis, les failles. Qu'est-ce qui est facile à creuser, qu'est-

---

1.   Cf. François CUSSET, *French theory*, La Découverte, 2004, pour un aperçu de l'influence outre-Atlantique de Michel Foucault et de Jacques Derrida, entre autres.

ce qui va résister ? Il observe comment les forteresses sont implantées. Il scrute les reliefs qu'on peut utiliser pour se cacher ou pour lancer un assaut. Une fois tout cela bien repéré, il reste l'expérimental, le tâtonnement. On envoie des reconnaissances, on poste des guetteurs, on se fait faire des rapports. On définit ensuite la tactique qu'on va employer. Est-ce la sape ? Le siège ? Est-ce le trou de mine, ou bien l'assaut direct ? La méthode, finalement, n'est rien d'autre que cette stratégie[1]. »

Cette longue métaphore manifeste la finalité directement pratique que Michel Foucault donnait à sa réflexion. Il convient d'identifier la racine ou plutôt l'arrière-plan de ce type de positionnement. Car si Michel Foucault a cherché toute sa vie à connaître, à savoir, n'était-ce pas que cette connaissance était pour lui désirable ? Mais si le savoir est indissociablement lié au pouvoir, il est impossible qu'il soit désintéressé. Il ne reste plus qu'à se considérer en lutte et à saisir son travail de réflexion non pas en vue de la connaissance mais en vue de la « fabrication de quelque chose qui sert à une guerre ». Cette guerre, nous y sommes, c'est celle que le lobby gay a déclarée au sens commun, au pouvoir social et politique, aux sciences humaines. La lutte contre l'homophobie est son cheval de Troie permettant d'investir la société libérale et démocratique.

Comment les gays ont-ils perçu le travail de Michel Foucault[2], comment leur a-t-il permis de

---

1. Entretien avec Roger-Pol DROIT (juin 1975), dans *Michel Foucault, Entretiens*, Paris, Odile Jacob, 2004, p. 92.
2. Pour une lecture moins subversive et plus nuancée de Michel Foucault, voir par exemple Blandine KRIEGEL, qui esquisse le portrait d'un Foucault réformiste (*Michel Foucault aujourd'hui*, Paris, Plon, 2004, p. 91 *sq.*).

penser des expériences individuelles et collectives, de déterminer une politique de résistance à leur assujettissement dans les sociétés libérales modernes ? David Halperin commence son essai sur « La politique *queer* de Michel Foucault[1] » en posant la question suivante : « Quel livre est-il probable que nous retrouvions dans les blousons de cuir des membres d'Act Up ? » Après une enquête menée à New-York auprès des militants, David Halperin constate que leur bible est *La Volonté de savoir*[2], de Michel Foucault, premier tome de son Histoire de la sexualité.

Quel lien peut-il y avoir entre cet ouvrage de haute tenue intellectuelle, et des activistes de la lutte contre le sida ? L'objectif initial de l'association était de politiser la lutte contre le sida et de critiquer la manière dont les malades homosexuels, les premiers touchés, étaient finalement écartés de la lutte contre l'épidémie par les rouages institutionnels. Or une des thèses essentielles de *La Volonté de savoir* est qu'« entre techniques du savoir et stratégies de pouvoir nulle extériorité, même si elles ont leur rôle spécifique et qu'elles s'articulent l'une à l'autre sur la base de leur différence[3] ». Dès lors la stratégie d'Act Up a consisté à briser le monopole que les experts (médecins, laboratoires pharmaceutiques) se réservaient, en vue de démocratiser le savoir médical et de permettre aux malades de devenir sujet de la lutte contre l'épidémie. Une telle attitude a semblé « offrir un parfait exemple de renversement stratégique du pouvoir, une forme de

---

1. Deuxième chapitre de *Saint Foucault*, traduction Didier Eribon, Paris, EPEL, p.31
2. Paris, Gallimard, 1976.
3. *Ibid.*, p. 130.

résistance politique rendu possible par le dispositif même du savoir-pouvoir contre lequel elle s'est inventée[1] ». Le succès de cette résistance politique a permis de confirmer l'efficacité des réflexions de *La Volonté de savoir* et de les transposer de la lutte contre le sida à la lutte contre l'homophobie. Un des titres envisagés par Michel Foucault pour son essai était « La généalogie de la psychanalyse ». Comment comprendre le renversement que le philosophe effectue concernant l'approche de la sexualité ? En quoi constitue-t-il un outil de résistance à l'ordre hétérosexiste ?

Écrite en pleine bourrasque post-68, *La Volonté de savoir* a surpris les lecteurs habituels de Michel Foucault. Loin d'épouser les thèses omniprésentes et largement inspirées du freudo-marxisme de Wilhelm Reich ou de Herbert Marcuse, Michel Foucault tentait de renouveler l'approche de la sexualité afin de déterminer une autre stratégie. Selon Wilhelm Reich, la sexualité était une sorte d'énergie pulsionnelle (dont on prend conscience comme désir) qui cherchait à s'épancher dans le plaisir mais était réprimée par les interdits de la société bourgeoise, répression qui orientait cette énergie vers les tâches productives nécessaires au système capitaliste. Bref, dans une telle optique, on a une division binaire entre le pouvoir et la sexualité, opposition qui se cristallise dans la répression de celle-ci par celui-là.

Michel Foucault prend plus de quarante pages pour critiquer cette représentation et la notion de pouvoir qui lui est liée. Le pouvoir y est effectivement pensé comme un point unifié dans lequel se

---

1. *Saint Foucault, op. cit.*, p. 44.

concentre une énergie qui ne se déploie qu'à l'occasion d'une décision. C'est ce lien entre une force et une liberté qui crée le pouvoir d'agir et de réprimer. Le modèle d'une telle conception est la souveraineté politique concentrée dans un sujet personnel, le roi, ou collectif, la nation. De plus le pouvoir est vu en termes de négation et d'exclusion d'une sexualité brute et sauvage qui ne chercherait qu'à s'épancher. La vulgate freudo-marxiste reste dépendante de cette distinction dont elle ne fait qu'inverser le sens. Or Michel Foucault observe que les temps modernes se caractérisent beaucoup plus par une incitation à parler qu'à se taire. Pourquoi ? Parce que se mettent en place progressivement dans la continuité de la confession chrétienne, de multiples techniques et procédures pour mettre en discours les phénomènes multiples que l'on va organiser dans ce que l'on va nommer « la sexualité ». Ces procédures et techniques sont mises en œuvre par la psychiatrie naissante, la criminologie, la médecine, disciplines qui répondent à une forte demande sociale d'ordre et qui constituent ce que Foucault appelle le bio-pouvoir. Comment repenser le pouvoir dans cette perspective ? Et en quoi cela modifie-t-il l'approche freudo-marxiste de la sexualité ?

Le pouvoir selon Foucault

« Par pouvoir, il faut comprendre d'abord la multiplicité des rapports de forces qui sont immanents au domaine où ils s'exercent, et sont constitutifs de leur organisation ; le jeu qui par voie de luttes et d'affrontements incessants les transforme, les renforce, les inverse ; les appuis que ces rapports de forces trouvent les uns dans les autres, de manière à former chaîne ou système, ou, au contraire, les décalages, les contradictions qui les isolent les uns des autres ; les stratégies enfin dans lesquelles ils prennent effet, et dont le dessein général ou la cristallisation institutionnelle prennent corps dans les appareils étatiques, dans la formulation de la loi, dans des hégémonies sociales[1]. » Là où on pensait le pouvoir en terme d'unité, il faut voir multiplicité, là où il y avait extériorité permettant de peser sur un désir « sauvage », il faut considérer un entrelacement de forces dont aucune n'a une position de surplomb.

Mais alors peut-on encore dire *le* pouvoir ? Michel Foucault répond qu'« il faut sans doute être nominaliste : le pouvoir, ce n'est pas une institution, et ce n'est pas une structure, ce n'est pas une certaine puissance : c'est le nom qu'on prête à une situation stratégique complexe dans une situation donnée[2] ». Toute situation (sociale) donnée est lisible en termes stratégiques. Ce que l'on prend pour un donné naturel (par exemple, la vie sexuelle) ou social (le mariage), ce qui nous apparaît souvent dans un premier temps comme naïvement paisible, n'est jamais qu'une situation intrinsèquement tendue entre de multiples pôles. On est donc toujours soi-même situé ; aucun moyen d'être en dehors du jeu social, identifié à ce rapport de forces. Si on l'ignore, c'est soit qu'on est dans l'illusion, soit plus sûrement qu'on est dans le déni hypocrite, la situation présente étant, en fait, à son avantage.

Nous commençons à voir ici l'application possible de tels termes dans une optique de lutte contre l'homophobie. On perçoit mieux aussi les condi-

---

1. *La Volonté de savoir, op. cit.*, p. 121-122.
2. *Ibid.*, p. 123.

tions de l'attitude, plusieurs fois relevée, selon laquelle « tout est politique ». En effet, nous sommes tous, en tant que membres de la société, déjà pris et inscrits dans un jeu de forces. L'idée même de libération sexuelle est alors une illusion ; la sexualité n'est pas à considérer comme un ensemble pulsionnel pur, en deçà d'un pouvoir qui l'opprimerait et le limiterait extérieurement et dont il s'agirait de faire sauter les interdits. Mais alors qu'est ce que la « sexualité » telle que l'entend Foucault ?

« Depuis cent cinquante ans bientôt, un dispositif complexe est en place pour produire sur le sexe des discours vrais ; un dispositif qui enjambe largement l'histoire puisqu'il branche la vieille injonction de l'aveu sur les méthodes de l'écoute clinique. Et c'est au travers de ce dispositif qu'a pu apparaître comme vérité du sexe et de ses plaisirs quelque chose comme "la sexualité". La "sexualité" : corrélatif de cette pratique discursive lentement développée qu'est la *scientia sexualis*. De cette sexualité, les caractères correspondent aux exigences fonctionnelles du discours qui doit produire la vérité[1]. » La « sexualité » n'est donc pas pour Foucault une donnée première et obscure que le pouvoir pourrait mater ou que le savoir pourrait dévoiler. C'est une construction. La sexualité n'est pas séparable des discours qui portent sur elle. On a donc une boucle (ce qu'indique le terme « corrélatif ») car le savoir scientifique (notamment la psychiatrie) a besoin pour se constituer de porter sur un objet ayant une stabilité. Or la « sexualité » se définit justement par sa fonction qui est de donner un sol au discours dont elle est l'objet.

---

1. *Ibid.*, p. 91.

Michel Foucault peut affirmer que la sexualité est un dispositif servant à relier de nouvelles formes de pouvoir et de savoir à de nouveaux objets. Qu'entendre par ce terme de dispositif ? « C'est un ensemble hétérogène, comportant des discours, des institutions, des aménagements architecturaux, des décisions réglementaires, des lois, des mesures administratives, des énoncés scientifiques, des propositions philosophiques, morales, philanthropiques, bref, du dit, aussi bien que du non dit, voilà les éléments du dispositif[1]. » Affirmer que la « sexualité » n'est qu'un dispositif permet de relativiser le « sens commun », qui fonctionne en grande partie comme du non-dit qui va de soi et qui est comme l'arrière-fond de toutes sortes de discours et de pratiques. Le soi-disant « sens commun » est un préjugé homophobe, mais un préjugé qui relevant d'un dispositif (social) a des effets très concrets sur les individus, nommés justement « homosexuels ». Rappelons le slogan d'Act Up, « L'homophobie tue », qui en est une application directe.

Politisation de la sexualité

Une telle perspective renouvelle totalement les luttes en matière de vie sexuelle. En effet, comme le souligne David Halperin, Michel Foucault réussit simultanément à dénaturaliser la sexualité (ce que ne faisait pas le freudo-marxisme) et à la politiser. Dire que la sexualité renvoie à un « ordre naturel » est l'effet d'un dispositif de savoir-pouvoir que l'on ne peut saisir que dans son enjeu politique ; c'est-à-dire comme étant l'effet de la normalisation de ceux

---

1.   « Le jeu de Michel Foucault », *Dits et écrits*, Paris, Gallimard, 1994, t. III, p. 299.

qui passent, selon les normes sociales en vigueur, pour des « anormaux ». On rejoint ici la question de la définition et des limites que nous avions étudiée précédemment chez Éric Fassin. Le dispositif définit en édictant des normes (soi-disant naturelles) qui par elles-mêmes excluent ceux qui ne s'y conforment pas (les homosexuels qui sont dès lors vus comme « contre-nature ») ; ces mêmes normes servent donc aussi à les « soigner », les rééduquer, bref à les normaliser.

Ce que David Halperin appelle la contre-pratique discursive permet à Michel Foucault « de supprimer la sexualité de la liste des objets de connaissance, et, par là, de retirer toute autorité aux discours experts qui se présentent comme une appréhension scientifique de la sexualité. Cette contre-pratique s'efforce également de délégitimer ces disciplines régulatrices, dont le pouvoir acquiert l'apparence d'une autorité légitime, en se fondant sur un accès privilégié à la "vérité" de la sexualité. En analysant les pratiques modernes de la connaissance à partir des stratégies de pouvoir qui leur sont immanentes, et en traitant la "sexualité" non comme une chose déterminée mais comme une positivité produite par ces pratiques de connaissance, Foucault politise à la fois la vérité et le corps : il refait de la connaissance et de la sexualité des sites de contestation, ouvrant ainsi la voie à de nouvelles possibilités d'interventions, théoriques aussi bien que politiques[1] ».

Ce texte permet de saisir les présupposés conceptuels mis en œuvre en France lors des débats sur le PaCS, et maintenant pour la revendication à l'égalité

____

1. *Saint Foucault, op. cit.*, p. 57.

des droits. Le travail critique par lequel Éric Fassin discrédite les discours de l'anthropologie et de la psychanalyse trouve ici sa matrice. Michel Foucault retourne, à la suite de Friedrich Nietzsche, tout le fonctionnement de la connaissance humaine. Contrairement à ce que naïvement on peut croire en ne s'appuyant que sur l'expérience visuelle, la connaissance ne laisse pas intact ce qu'elle connaît. Allons plus loin, car le langage courant nous joue des tours ; le « ce que » ne préexiste pas à l'acte par lequel la connaissance est produite et surtout structurée dans des mots. Vouloir connaître quelque chose comme la sexualité indépendamment des discours qui la prennent pour objet et de l'inscription de ces mêmes discours dans le jeu de forces qu'est le pouvoir, à la manière dont il est défini plus haut, c'est occulter la complexité des conditionnements de la « connaissance ». C'est faire preuve d'angélisme ou d'idéalisme et par là collaborer, ne serait-ce que passivement, à l'ordre social que cette soi-disant connaissance désintéressée va confirmer et renforcer ! Le présupposé est donc qu'aucune connaissance n'est désintéressée. Un tel présupposé, Michel Foucault l'emprunte à Friedrich Nietzsche.

L'influence centrale de Nietzsche

Dans la première année de son cours au collège de France (1970-1971), qu'il intitule *La Volonté de savoir*, titre qu'il donnera cinq ans plus tard au premier tome de son *Histoire de la sexualité*, Foucault se propose de réfléchir sur les différentes formes que cette volonté de savoir a prises dans l'histoire de la pensée. Il choisit de présenter les penseurs les plus opposés sur ce concept, Aristote et Nietzsche. Alors que pour Aristote, il existe la possibilité d'une connaissance désintéressée et que l'intelligence humaine peut être mue par un désir naturel de la vérité, pour Friedrich Nietzsche, « la connaissance est une invention derrière laquelle il y a tout autre chose qu'elle : un jeu d'instincts, d'impulsions, de désirs, de peur, de volonté d'appropriation ; elle se produit, non comme effet de leur harmonie, mais de leur haine, de leur compromis douteux et provisoire ; susceptible d'intéresser l'instinct ou les instincts qui la dominent ; elle est toujours serve, dépendante, intéressée (non point à elle-même, mais à ce qui est susceptible d'intéresser l'instinct ou les instincts qui la dominent) ; et si elle se donne comme connaissance de la vérité, c'est qu'elle produit la vérité par le jeu d'une falsification première et toujours reconduite qui pose la distinction du vrai et du faux[1] ». Nous retrouvons dans ce texte les grandes propriétés que Foucault prête lui-même au savoir et à la « vérité ». Celle-ci n'est pas, comme la tradition philosophique l'affirme, la correspondance entre ce que je pense et dis, et ce qui est. C'est l'effet d'une volonté qui, incapable de supporter le réel mouvant et contradictoire du devenir perpétuel, a inventé des catégories, des concepts pour se donner stabilité et acquérir la maîtrise et la domination de ce qu'elle tient désormais pour « vrai ». Tout est en devenir, dans un perpétuel flux de forces qui s'entrechoquent. Au lieu d'épouser ce chaos et de s'affirmer dans sa créativité, la volonté des faibles se construit un monde humain ordonné pour se rassurer.

Dans une telle optique, la « vérité » est le résultat d'une falsification, à double titre. D'une part elle

____

1. Ce texte est republié dans *Dits et écrits*, t. II, p. 240-244.

vient toujours d'une simplification faite à un réel multiple et en devenir, irréductible à toute fixation dans des catégories ; d'autre part, cette simplification, au lieu de s'accepter comme telle, c'est-à-dire comme opérant au service des instincts qui y sont intéressés, pose la vérité en lui opposant l'erreur, ce qui lui permet d'asseoir sa légitimité sous le mode du non-dit. Cette opération, on peut l'appeler une « interprétation ». Or « si l'interprétation ne peut jamais s'achever, c'est tout simplement qu'il n'y a rien à interpréter. Il n'y a rien d'absolument premier à interpréter, car au fond, tout est déjà interprétation, chaque signe est en lui-même non pas la chose qui s'offre à l'interprétation, mais l'interprétation d'autres signes. C'est un rapport tout autant de violence que d'élucidation qui s'établit dans l'interprétation. En effet, celle-ci n'éclaire pas une matière à interpréter, qui s'offrirait à elle passivement ; elle ne peut que s'emparer, et violemment d'une interprétation déjà là, qu'elle doit renverser, retourner fracasser à coups de marteau[1] ». Mais alors pour Friedrich Nietzsche, quelle activité intellectuelle reste-t-il à produire en dehors de l'interprétation ? Si le réel est inconnaissable, si on ne le rejoint jamais qu'à travers des constructions qui le déforment, la notion même de connaissance disparaît dans sa pure utilité vitale. Or Friedrich Nietzsche n'a pas cessé de chercher à connaître ; n'est-ce pas alors contradictoire et Michel Foucault n'est-il pas pris lui-même dans cette contradiction ?

---

1. « Nietzsche, Marx, Freud », *Dits et écrits*, t. I, p. 571.

L'arme de la généalogie

« Si interpréter, c'est s'emparer par violence, par subreption, d'un système de règles qui n'a pas en soi de signification essentielle, et lui imposer une direction [...] alors le devenir de l'humanité est une série d'interprétations. Et la généalogie doit en être l'histoire : histoire des morales, des idéaux, du concept de liberté, comme émergences d'interprétations différentes[1]. » La seule activité intellectuelle digne de ce nom reste donc la généalogie, terme et pratique que Michel Foucault reprend à Friedrich Nietzsche, qui les avait déjà appliqués à la morale et à la logique. Aucun discours n'est universel, neutre ; il est toujours situé et il n'est donc rien qu'un point de vue sur le monde en devenir, une interprétation. La généalogie est donc ce discours qui fait l'histoire de ces interprétations en sachant qu'il n'y a pas une vérité en soi. Chaque interprétation se donne selon un dispositif de savoir-pouvoir comme « vérité » ; elle n'est donc l'effet que de cette falsification, de cette violence qui s'est emparée de la précédente et qui la disqualifie.

La généalogie dénonce comme une usurpation la prétention qu'a telle interprétation à se légitimer comme unique, immuable et universelle, c'est-à-dire à se nier comme interprétation. Si interpréter est toujours une violence, alors « c'est bien contre les effets de pouvoir propres à un discours considéré comme scientifique que la généalogie doit mener le combat[2] ». La généalogie, elle non plus, n'est pas une activité désintéressée, elle aussi est violente ;

---

1. « Nietzsche, la généalogie, l'histoire », *Dits et écrits*, t. II, p. 146.
2. « Cours du 7 janvier 1976 », *Dits et écrits*, t. III, p. 166.

elle ne peut pas se considérer en dehors du champ des interprétations, bien qu'elle ait conscience de son statut. Elle est donc modeste et toujours inscrite dans une particularité sociale et historique dont elle accepte le conditionnement.

Nous comprenons maintenant le titre choisi par Foucault : *Histoire de la sexualité.* Seule la généalogie peut accueillir cette diversité d'interprétations intrinsèquement liées à des pratiques et à des disciplines que les savoirs scientifiques du dix-neuvième siècle ont fini par appeler « la sexualité ». Pour Foucault, ce terme ne renvoie en aucun cas à une entité qui serait demeurée identique tout au long du temps et des cultures. Se mettent ainsi en place, dans la continuité des pratiques médiévales et classiques de la direction spirituelle et de la confession, des disciplines visant à intensifier la production d'aveux sur les désirs intimes, les pensées secrètes, afin d'en saisir la « vérité ». « Dans cette "question du sexe", deux processus se développent, renvoyant toujours de l'un à l'autre : nous lui demandons de dire la vérité ; et nous lui demandons de nous dire notre vérité, ou plutôt, nous lui demandons de dire la vérité profondément enfouie de cette vérité de nous-mêmes que nous croyons posséder en conscience immédiate. Nous lui disons sa vérité, en déchiffrant ce qu'il nous en dit ; il nous dit la notre en libérant ce qui s'en dérobe. C'est de ce jeu que s'est constitué, lentement depuis plusieurs siècles, un savoir du sujet[1]. » Ainsi en faisant une histoire de la sexualité, Michel Foucault entreprenait une histoire du sujet, ou plutôt des formes diverses de « l'assujettissement des hommes ; je veux dire leur

---

1. *La Volonté de savoir, op. cit.,* p. 93.

constitution comme "sujets", aux deux sens du mot[1] ». Cette identité du sujet doit être comprise en grande partie selon le vecteur des discours sur le sexe, discours évidemment jamais neutres. Autrement dit, si la « sexualité » est un dispositif, et que le sujet moderne s'est élaboré dans la production d'une « vérité » sur le sexe, alors toute généalogie cherchant à repérer, sous les savoirs et les disciplines (par exemple la psychanalyse), les coups de force interprétatifs sera une résistance, une contre-pratique, bref un « travail d'artificier ».

Comment le lobby gay a-t-il utilisé la méthode généalogique pour résister à cette « vérité hétéro-sexiste et homophobe » ? Nous avons récolté de nombreux éléments pour identifier cette stratégie mais il nous reste à en saisir l'application à la question de l'identité sexuelle. Ce dernier terme semble renvoyer à celui de sujet. Dans quelle mesure l'identité n'est-elle pas une catégorie par laquelle un sujet est justement assujetti à des pouvoirs-savoirs ? Mais si l'assujettissement constitue néanmoins le sujet, peut-on lui résister sans sombrer dans le chaos ? Quelle marge de manœuvre reste-t-il ? Michel Foucault ne peut penser cette résistance qu'au sein d'un rapport de forces dont il n'a pas moyen de s'échapper. Aucun horizon d'émancipation ne semble ouvert, dans la mesure où toute tentative de libération semble se penser en référence à une vérité universelle, servant de critère à partir duquel elle peut se déployer et d'idéal vers lequel s'élever. Or un tel critère universel, existant en dehors de tout contexte historique, est strictement impossible dans l'optique nietzschéenne de Michel Foucault.

------

1. *Ibid.*, p. 81.

En conclusion, nous savons que Michel Foucault était en guerre, nous savons que beaucoup aujourd'hui lui emboîtent le pas, mais nous ne voyons pas encore au nom de quoi et finalement pour quoi ils se battent. On pourrait répondre : l'égalité des droits. Didier Eribon dit même : « Mon principe : donner le plus grand nombre possible de droits au plus grand nombre possible d'individus[1]. » Seulement, une telle revendication exprimée dans le langage le plus démocratique possible repose sur un présupposé universaliste et implique une extériorité au politique : tout individu humain est égal à un autre individu humain. Tel est le legs de plusieurs millénaires d'histoire occidentale ; son fondement est le droit naturel, quelle que soit l'origine ou la version qu'on lui donne, le christianisme, Locke ou Kant. N'y a-t-il pas contradiction à revendiquer un droit, en s'appuyant sur une pensée dont les concepts premiers nient purement et simplement le langage et les valeurs dans lesquelles cette même revendication s'exprime ? Friedrich Nietzsche était plus conséquent puisqu'il ne cessait de dénoncer l'imposture et l'hypocrisie du judaïsme, du christianisme, du kantisme, du socialisme et de la démocratie libérale.

De deux choses l'une : soit nous sommes devant une revendication contradictoire, mais alors elle ne sait pas ce qu'elle dit ; soit nous sommes devant une revendication cohérente, mais alors elle ne dit pas ce qu'elle veut.

---

1. Entretien dans *Regards*, *loc. cit.*

8

ASSUJETTISSEMENT ET IDENTITÉ

Nous avons souligné en quoi pour le lobby gay, le mot même d'« homosexuel » peut être vu comme le signe d'une catégorisation, manifestation concrète d'un ordre hétérosexiste qui classe, normalise et exclue. Nous avons aussi vu, à la suite de Didier Eribon, en quoi l'injure constitue indissociablement une blessure et une identité subjective. C'est dans la mesure où je n'adviens à moi-même que par la médiation d'autrui que le langage à travers l'injure, l'interpellation ou la classification psychologique est constitutif de mon identité. Enfin nous venons de voir que, selon Friedrich Nietzsche et Michel Foucault, tout discours est une interprétation violente, tout discours est inséré dans un dispositif plus large qui n'est qu'un rapport de forces plus ou moins momentanément stabilisé.

Dès lors que dire de mon identité en tant que sujet ? « Il y a deux sens au mot "sujet" : sujet soumis à l'autre par le contrôle et la dépendance, et sujet attaché à sa propre identité par la conscience ou la connaissance de soi. Dans les deux cas, ce mot suggère une forme de pouvoir qui subjugue et assujettit[1]. » Michel Foucault part à la recherche des disciplines de contrôle par lesquelles l'individu est assujetti et constitué dans son identité de prisonnier, de malade, de fou ou d'homosexuel. Avant de l'appliquer à la question du sexe, Michel Foucault dévoile dans *Surveiller et punir* la manière dont les disciplines judiciaires et carcérales ont contribué à produire le sujet moderne. Lisons la généalogie qu'il fait de l'« âme », c'est-à-dire de ce qui traditionnellement signifie l'intériorité d'un individu ; elle nous permet de mieux comprendre ce qu'il entend par « assujettissement ».

Généalogie de l'« âme »

« Il ne faudrait pas dire que l'âme est une illusion, ou un effet idéologique. Mais bien, qu'elle existe, qu'elle a une réalité, qu'elle est produite en permanence, autour, à la surface, à l'intérieur du corps par le fonctionnement d'un pouvoir qui s'exerce sur ceux qu'on punit — d'une façon plus générale sur ceux qu'on surveille, qu'on dresse et corrige, sur les fous, les enfants, les écoliers, les colonisés, sur ceux qu'on fixe à un appareil de production et qu'on contrôle tout au long de leur existence. [...] Sur cette réalité-référence on a bâti des concepts divers [...] : psyché, subjectivité, personnalité, conscience etc. ; sur elle on a édifié des techniques et des discours scientifiques ; à partir d'elle, on a fait valoir les revendications morales de l'humanisme. [...] L'homme dont on nous parle et qu'on nous invite à

---

1. « Deux essais sur le sujet et le pouvoir », entretien avec Hubert DREYFUS et Paul RABINOW, *Michel Foucault, un parcours philosophique*, Paris, Gallimard, 1984, p. 303-304.

libérer est déjà en lui-même l'effet d'un assujettissement bien plus profond que lui. [...] L'âme, effet et
instrument d'une anatomie politique ; l'âme prison
du corps[1]. » Dans une grande continuité avec Friedrich Nietzsche, Michel Foucault disqualifie la
représentation « naïve » selon laquelle l'intériorité
humaine et ses manifestations (pensées, intentions,
actions etc.) renverraient à un donné stable et déjà
là, l'esprit, centre de l'être humain ; ce qui traditionnellement constitue l'humanité de l'homme.
Mais au lieu de nier le fait que l'homme ait une âme
ou un esprit, ce que font les matérialistes marxistes
pour lesquelles l'âme n'est qu'une « illusion ou un
effet de l'idéologie », Michel Foucault assume le
mot ; justement l'« âme » n'est qu'un mot dont il
faut faire la généalogie.

Il renverse malicieusement la célèbre thèse de
Platon pour lequel « le corps est la prison de l'âme »
puisque ce dernier la limite aux choses sensibles et
l'empêche de découvrir la véritable réalité intelligi-
ble et immatérielle. Dire que « l'âme est prison du
corps » indique qu'elle n'est que l'effet de son dres-
sage par des disciplines de surveillance et de puni-
tion. Le corps perpétuellement pris dans cette
matrice de pouvoir-savoir est simultanément objectivé et assujetti. Les deux aspects sont indissociables
et concourent à la formation d'une identité socialement stable, mais par là repérable et maîtrisable. En
effet, par le pouvoir disciplinaire « on fabrique des
sujets soumis, et on constitue sur eux un savoir
auquel on peut se fier[2] ». Ce que l'on appelle l'âme
ou le sujet n'est pas ainsi un donné premier qui

---

1. *Surveiller et punir*, Paris, Gallimard, 1975, p. 34.
2. « Deux essais... », *loc. cit.*, p. 302.

préexisterait à son immersion dans un réseau de savoir-pouvoir. Ce que l'on identifie comme sujet est toujours le résultat d'une relation de pouvoir au sein duquel il est construit. Il s'agit pour Michel Foucault de « montrer comment ce sont les relations d'assujettissements qui fabriquent les sujets[1] ». Nous avons vu la manière dont Sabine Prokoris utilisait ces concepts afin de penser l'émergence de l'identité subjective à partir du tissu de liens affectifs mais aussi normatifs dans lesquels chacun est inséré dès son plus jeune âge.

Si « l'âme est prison du corps », comment le corps va-t-il s'en échapper ? On sait déjà qu'il est impossible d'imaginer une évasion en dehors de tout rapport de pouvoir. Plus que de libération, il faut donc parler de résistance, d'inversion du rapport de forces. La métaphore de l'artificier dit bien ce nécessaire repositionnement au sein des mêmes éléments du terrain, ou plutôt la nouvelle interprétation, le nouveau point de vue qui, de fait, peut tout faire basculer. C'est le propre du grand stratège que de savoir faire avec ce qui est immédiatement disponible. Comment comprendre la résistance à cet assujettissement ? Comment sortir de l'identité stigmatisante, effet mais aussi cause de la discrimination ? Ce thème de la constitution de l'identité sexuelle est au centre de la critique gay de l'hétérosexisme, dans la mesure où cette identité est pensée en termes de différences des sexes. En effet, dans une telle optique hétérosexiste, la relation entre les sexes permet de les stabiliser. Cette stabilisation est vue comme effet de la différence mais aussi la

---

1. « Cours du 14 janvier 1976 », dans *Il faut défendre la société*, p. 27.

renforce en assurant leur complémentarité. Il semble donc que seule l'hétérosexualité honore jusqu'au bout une identité sexuelle digne de ce nom. Voyons comment toute la critique de la « sexualité » et tous les présupposés précédemment examinés sur lesquels elle s'appuie convergent vers la remise en cause de cette conception perçue comme homophobe et inégalitaire. De là, nous chercherons à saisir le contenu et le statut problématiques de l'« identité gay ».

La production du « vrai sexe »

C'est en s'appuyant sur un cas limite, l'hermaphrodisme, que Michel Foucault pose la question de l'obsession récente de déterminer le « vrai sexe » d'un individu. « Avons-nous vraiment besoin d'un vrai sexe ? Avec une constance qui touche à l'entêtement, les sociétés de l'occident moderne ont répondu par l'affirmative. Elles ont fait jouer obstinément cette question du vrai sexe dans un ordre de choses où on pouvait s'imaginer que seules comptent la réalité des corps, l'intensité des plaisirs[1]. » Cette alternative entre le vrai sexe et les corps et les plaisirs va se révéler essentielle pour la question de la constitution d'une identité gay.

Michel Foucault se réfère aux souvenirs d'un hermaphrodite de la deuxième moitié du dix-neuvième siècle, Alexina Barbin, élevée comme une fille dans un milieu religieux et féminin. « Reconnu » finalement comme un vrai garçon à partir de procédures médico-légales, elle est modifiée dans son état civil et, ne pouvant pas s'adapter à sa nouvelle

---

1. « Le vrai sexe », *Arcadie*, n° 323, novembre 1980, p. 617 ; republié dans *Dits et écrits*, t. IV, p. 116.

identité sexuelle, se suicide. « Le dur jeu de la vérité, que les médecins imposeront plus tard à l'anatomie incertaine d'Alexina, personne n'avait consenti à le jouer dans le milieu de femmes où elle avait vécu[1]. » On voit comme cette histoire singulière est un cas d'école, le symbole du dispositif de sexualité qui investit les corps et les plaisirs afin d'en extraire et d'en constituer la « vérité ». Michel Foucault laisse deviner un soupir : « À quel prix ! » L'identité sexuelle est perçue ici comme le fruit d'une exigence du pouvoir-savoir qui ne peut supporter l'indécision, l'entre-deux, le mouvant.

« Ce qu'Alexina Barbin évoque dans son passé, nous dit Michel Foucault, ce sont les limbes heureuses d'une non-identité, que protégeait paradoxalement la vie dans ces sociétés fermées, étroites et chaudes, où on a l'étrange bonheur, à la fois obligatoire et interdit, de ne connaître qu'un seul sexe (ce qui permet d'en accueillir les gradations, les moirures, les pénombres, les coloris changeants comme la nature même de leur nature. L'autre sexe n'est pas là avec ses exigences de partage et d'identité, disant : "Si tu n'es pas toi-même, exactement et identiquement, alors tu es moi.")[2]. » Michel Foucault souligne le lien au premier abord paradoxal entre la non-identité et ce que l'on peut appeler la monosexualité, c'est-à-dire le fait d'être dans un milieu où tous ont la même sexualité. En effet, la monosexualité offre le cadre au sein duquel la catégorisation stricte n'a pas l'occasion de s'effectuer. Cette différentiation n'a lieu que par opposition à l'autre sexe, qui semble de fait exclure toute incertitude et entre-deux.

---

1. *Ibid.*, p. 119.
2. *Ibid.*, p. 121.

Michel Foucault laisse entendre que l'identité n'est pas première mais qu'elle est l'effet d'une différenciation au sein d'un contexte social fait de pratiques, de disciplines et de savoirs. Elle a pour résultat un partage binaire et donc la cristallisation en deux entités fixes. Cette stabilité, bien que produite, donne l'impression d'être toujours déjà là, car la société n'a que peu conscience du travail de catégorisation qu'elle effectue. En revanche, la monosexualité laisse un espace de possibles d'autant plus important qu'elle n'est justement pas limitée par la confrontation à l'autre sexe.

Dans ce cas limite et exceptionnel, Michel Foucault voit un exemple symbolique de cet acharnement avec lequel le dispositif de sexualité assigne à chaque individu la tâche de se déterminer en vérité dans telle identité sexuelle. Cette détermination a pour horizon et pour enjeu la construction sociale de la norme hétérosexuelle, puisque celle-ci requiert une dualité des sexes complémentaires. Ève Kosofsky Sedwick[1], célèbre théoricienne des *gay and lesbian studies*, repère treize faits qui peuvent différencier des gens qui ont cependant soi-disant une « orientation sexuelle identique ». Par exemple, « les actes génitaux identiques ont des significations différentes pour des personnes différentes » ou bien « certains aiment des relations sexuelles spontanées, d'autres hautement codifiées, d'autres encore, que ces relations aient l'apparence d'être spontanées alors qu'elles sont en réalité totalement prévisibles » ou encore, « pour certains, il est important que leur

---

1. « Construire des significations *queer* », *Les études gays et lesbiennes, Actes du colloque des 23 et 27 juin 1997*, Paris, éditions du centre Georges Pompidou, 1998, p. 112-113.

relations sexuelles soient intégrées dans, et en harmonie avec d'autres aspects de leur vie ; pour d'autres, c'est le contraire ». Au terme cette liste dressée pour souligner l'éclatement des significations et des comportements sexuels, Ève Kosofsky Sedwick met en face la notion d'identité sexuelle, ce que « le sens commun actuel présente comme une catégorie unitaire ». L'objectif d'une telle présentation est de souligner en quoi l'unité n'est qu'une construction normalisante, qui met au pas un foisonnement de phénomènes pourtant irréductibles à elle. D'ailleurs, Ève Kosofsky Sedwick énumère seize autres points afin de montrer que, comme pour l'orientation sexuelle, l'identité sexuelle ne peut en aucun cas renvoyer à une réalité stable et déterminée. Celle-ci peut en effet renvoyer au sexe biologique, mais aussi au genre (sexe lié à la représentation sociale des rôles masculin-féminin), ou bien à la perception de chacun par lui-même comme homosexuel ou hétérosexuel, ou encore à vos fantasmes sexuels etc. Ève Kosofsky Sedwick conclut que ce dispositif tend à organiser l'identité sexuelle « en un tout univoque et sans failles ».

Le queer, *subversion de l'identité*

« Et si ce n'est pas le cas ? » contre-attaque-t-elle. Que se passe-t-il lorsqu'on conteste cette mise en ordre des sexes et des sexualités ? Qu'est-ce que cela produit comme choc en retour sur les notions d'orientation sexuelle et d'identité sexuelle ? C'est ce que veut signifier le mot américain *queer*, qui signifie originellement bizarre, tordu, et que l'on a fini par appliquer aux homosexuels qui se l'ont réapproprié, mais dans un sens non-identitaire. Ève Kosofsky Sedwick caractérise ce mot comme renvoyant à « la matrice ouverte des possibilités, les écarts, les imbrications, les dissonances, les résonances, les défaillances ou les excès de sens quand les éléments constitutifs du genre et de la sexualité de quelqu'un ne sont pas contraints à des significations monolithiques[1] ».

Le *queer* veut dire ce paradoxe d'une identité non-identitaire, c'est-à-dire perpétuellement mouvante et multiple qui récuse toute catégorisation. C'est la réponse que les gays adressent à leur catégorisation par le dispositif de sexualité (hétérosexiste). Mais comme l'explique David Halperin, cette réponse est en fait un retournement ou un détournement de ce dispositif. « "L'homosexuel" n'est pas une réalité naturelle, mais une projection fantasmatique, une construction incohérente, dont la fonction est de résumer tout ce qui est "autre" ou "différent" de l'hétérosexualité et, par conséquent, de stabiliser et consolider la signification culturelle de celle-ci. L'homosexuel est défini négativement comme tout ce que l'hétérosexuel n'est pas. Bref, l'homosexualité est une identité sans essence. Faire passer l'homosexuel d'une position d'objet à une position de sujet revient donc à rendre possible pour les gays et les lesbiennes une nouvelle forme d'identité sexuelle, dont la caractéristique serait de n'avoir aucune définition précise. [...] Ceux qui occupent délibérément une telle situation marginale, qui affirment une identité désessentialisée et purement oppositionnelle sont à proprement parler non pas *gays*, mais *queers*[2]. »

---

1. *Ibid.*, p. 115.
2. *Saint Foucault, op. cit.*, p. 75.

David Halperin interprète la constitution de l'homosexuel par les savoirs hétérosexistes de manière réactive. Mais il postule une pétition de principe, c'est-à-dire qu'il se donne ce qu'il veut montrer. En effet, il veut montrer que l'identité homosexuelle n'est que l'effet d'une classification artificielle dont le but caché est de rendre possible l'affirmation des « hétérosexuels ». Comme si les hétérosexuels avaient besoin de cette opposition et exclusion des gays pour devenir ce qu'ils sont. Sa démonstration s'appuie sur le présupposé que la sexualité n'étant qu'une construction, rien n'est stable, et que les hétéros ont besoin des homos pour se poser en s'y opposant. On voit ici la boucle qui manifeste son point de départ : d'emblée il n'y a pas d'identité homosexuelle parce qu'en fait il n'y a pas d'identité sexuelle et même personnelle comme telle.

Ce « principe » est hérité du nietzschéisme de Michel Foucault. Si tout est en perpétuel devenir, si toute forme humaine n'est que l'effet fragile et contingent d'un rapport de forces, alors ce que l'on nomme l'identité ne peut être qu'une imposture ou une fiction au bénéfice d'une volonté de pouvoir. C'est le cas pour la question de l'identité sexuelle qu'on ne peut détacher de la question du dispositif de sexualité hétérosexiste. David Halperin, cependant, détecte dans la construction hétérosexiste de l'homosexuel le pouvoir subversif de cette identité sans essence, le *queer*, et la valorise comme ce qui rend tout possible. L'essence étant perçue comme ce qui oriente vers une fin, comme ce qui limite à des fonctions pré-déterminées, une identité sans essence désarrime l'individu de toute limite qu'il aurait à reconnaître pour se déterminer dans ses choix. Cela ne signifie pas que cette identité soit absolument libérée, ce qui serait contradictoire avec l'approche du pouvoir comme tissu de relations dans lequel on est toujours déjà pris et dont on ne peut s'extraire. Cette identité sans essence rend plutôt possible ce que Michel Foucault nomme une résistance, en l'occurrence le retournement dont nous parlons ici. Le retournement a donc bien un effet subversif sur l'ensemble du dispositif de sexualité. Ce choc en retour doit dissoudre progressivement l'identité hétérosexuelle, qui n'est qu'une construction arbitraire. « *Queer* ne désigne pas une classe de pathologies ou de perversions déjà objectivées mais un horizon de possibilités dont l'extension et le spectre hétérogène ne sauraient être délimités à l'avance. C'est à partir de la position marginale occupée par le sujet *queer* qu'il devient possible d'apercevoir une multitude de perspectives pour repenser les relations entre les comportements sexuels, les identités érotiques, les constructions du genre, les formes de savoir, [...] pour réinventer les relations entre le pouvoir, la vérité et le désir[1]. »

Expériences érotiques contre catégories

À partir de quoi faut-il penser ces possibilités et quelles conséquences en tirer ? Il s'agit d'opposer aux catégorisations hétérosexistes les *expériences* érotiques qui sont aussi politiques puisqu'elles perturbent tous les efforts de normalisation. Ces diverses expériences sont autant de manières pour un sujet de se rapporter à lui-même. Elles sont donc ce par quoi l'assujettissement est retourné en subjectivation, c'est-à-dire en un processus indéfini au sein duquel l'individu fait *jouer* la matrice du savoir-

---

1. *Ibid.*, p. 76.

pouvoir pour inventer de nouvelles possibilités, *déjouant* les normes et les catégories en vigueur. Mais si la sexualité est ce dispositif de normalisation, cette invention de soi s'effectue dans un écart par rapport au « sexe », vu comme l'élément central de ce dispositif.

En effet, Michel Foucault tire les conséquences de cette critique et affirme, à la fin de *La Volonté de savoir*, « ne pas référer à l'instance du sexe une histoire de la sexualité ; mais montrer comment "le sexe" est sous la dépendance historique de la sexualité. Ne pas placer le sexe du côté du réel, et la sexualité du côté des idées confuses et des illusions ; la sexualité est une figure historique très réelle, et c'est elle qui a suscité comme élément spéculatif, nécessaire à son fonctionnement, la notion de sexe. Ne pas croire qu'en disant oui au sexe, on dit non au pouvoir[1] ». Michel Foucault n'utilise pas le sexe comme vecteur de résistance à la « sexualité », puisqu'il en est une construction. Il s'oppose aux tenants de la révolution sexuelle (Wilhelm Reich et Herbert Marcuse notamment) qui pensaient naïvement que le sexe avait comme par nature une force de subversion de l'ordre social. Mais si tel n'est pas le cas, quel est alors le prix à payer pour résister ? « C'est de l'instance du sexe qu'il faut s'affranchir si, par un retournement tactique des divers mécanismes de la sexualité, on veut faire valoir contre les prises du pouvoir, les corps, les plaisirs, les savoirs, dans leur multiplicité et leur possibilité de résistance.

Contre le dispositif de sexualité, le point d'appui de la contre-attaque ne doit pas être le sexe-désir,

---

1. *Op. cit.*, p. 207.

mais les corps et les plaisirs[1]. » Le prix à payer semble donc être une certaine désexualisation de l'identité du sujet. Non pas que les phénomènes sexuels n'aient plus du tout à intervenir dans la vie du sujet ; Michel Foucault n'est certes pas le théoricien de l'abstinence sexuelle ! Mais il encourage la valorisation d'expériences qui remettent en cause l'organisation habituelle de la vie sexuelle du sujet. Cette remise en cause passe par l'invention de nouvelles pratiques relationnelles qui permet aux corps d'éprouver des plaisirs différents.

Ces nouvelles expériences feront vaciller la construction de l'identité assignée (l'assujettissement) et avec elle tout le système hétérosexiste. Tel est explicitement le but que David Halperin donne aux *gay and lesbian studies*. Nous le citons pour éviter d'être accusé de procès d'intention homophobe. « Déstabiliser les concepts de l'identité sexuelle en examinant leur construction historique et culturelle, c'est en même temps produire une affirmation gay et faire basculer le système tout entier de l'hétéronormativité, faire exploser les catégories de pensée dont dépend l'hétérosexisme, c'est-à-dire les catégories d'homosexualité et d'hétérosexualité[2]. » Comment mettre en pratique un tel programme guerrier, pleinement en accord avec la métaphore de l'artificier et la définition de la politique de Michel Foucault ? La revendication du mariage gay incarne une telle résistance et veut « détruire tout le système » de la société actuelle, rebaptisée hétérosexiste. Nous venons de voir en quoi cette identité *queer* est non-identitaire ; ce

---

1. *Ibid.*, p. 208.
2. « L'identité gay après Foucault », *Les études gays...*, *op. cit.*, p. 122.

paradoxe manifeste le conflit interne qui loin d'être paralysant constitue l'exigence d'être toujours en devenir. Michel Foucault le souligne lorsqu'il déclare : « Nous avons à nous acharner à devenir homosexuel et non pas à nous obstiner à reconnaître que nous le sommes[1]. » Ici, « devenir homosexuel » signifie ce que les penseurs américains entendent maintenant par le mot *queer*.

Nous avons montré l'ambivalence du mot « reconnaissance », qui peut désigner soit la mise en avant de l'*universelle* dignité et égalité des hommes et des citoyens, soit la valorisation de leur *particularité* qui demande à être acceptée dans sa différence par l'ensemble du corps social. Les deux semblent s'opposer, spécialement dans le contexte français, dans la mesure où le premier sens implique justement la mise entre parenthèses de tout ce qui particularise l'individu et refuse d'accorder des droits sur la base de cette particularité.

Cette ambivalence, se retrouve dans l'histoire des mouvements identitaires, mais loin de paralyser la revendication, elle lui a permis de se déployer. C'est cette ambivalence qui caractérise, aux États-Unis, toute la politique de discrimination positive envers les minorités et que la doctrine multiculturaliste aménage conceptuellement. Ainsi la minorité noire a revendiqué l'égalité des droits (sens premier du mot reconnaissance) mais en assumant sa particularité raciale (deuxième sens). Ce dispositif déjoue les habituelles distinctions françaises exposées plus haut, qui impliquent que la reconnaissance ne peut être universaliste que si elle refuse de considérer la

---

1. « De l'amitié comme mode de vie », *Dits et écrits,* t. IV, p. 163.

particularité. Ce dispositif étranger à la culture française se retrouve aussi dans la revendication féministe américaine, ce qui permet à Ève Kosofsky Sedwick de soutenir que la politique de reconnaissance de l'identité est à la fois différencialiste et assimilationniste. C'est *en tant* que membre d'une communauté différente (ayant son identité particulière) que l'on demande de jouir de droits égaux et de participer, d'être assimilé au corps social dans son ensemble. Or pour Ève Kosofsky Sedwick, l'identité *queer*, loin d'épouser ce mouvement, le retourne. Elle en arrive à penser un mouvement *queer* à la fois anti-assimilationniste et anti-différencialiste ! Qu'est-ce à dire ?

Le mouvement *queer* ne se pensant pas à partir d'une identité stable, comme c'était le cas des Noirs américains, il récuse l'idée d'une particularité constitutive. Ce terme est rejeté dans la mesure où il est intrinsèquement lié au système hétérosexiste de classement et d'assujettissement. D'où le fait qu'est assumée cette identité non-identitaire, déjouant toute différence stable pour privilégier une invention créatrice de possibles toujours en devenir. Ève Kosofsky Sedwick refuse que le *queer* soit considéré comme un mouvement différencialiste. En France, cette posture anti-différencialiste passe bien car elle peut être interprétée en langage universaliste. Elle commande ainsi le refus officiel de tout communautarisme au sein du mouvement gay. Et pourtant, c'est bien en tant que gays ou lesbiennes que ces individus réclament l'accès *universel* aux droits en stigmatisant toute acception des personnes comme discriminatoire. N'est-ce donc pas la volonté des gays d'être assimilés et de revendiquer le « droit à l'indifférence », indifférence qui signifie que leur différence particulière n'est pas le vecteur de leur revendication ? Or Ève Kosofsky Sedwick récuse ce mouvement et qualifie le *queer* d'anti-assimilationniste. Pourquoi ? Parce que le gay radical n'a aucune envie d'être assimilé, au sens strict du terme, par une société hétérosexiste qu'il rejette bien plutôt comme intrinsèquement mauvaise.

En conclusion de ce méandre de considérations, nous pouvons enfin saisir que ce positionnement d'une « identité non identitaire », réclamant des droits égaux sans pour autant vouloir s'assimiler à la société, révèle une stratégie de déstabilisation. Cette stratégie est explicitement revendiquée par David Halperin dans le texte cité plus haut. Comment opère-t-elle ? En tordant (en « queerisant ») le dispositif de la sexualité humaine dans son ensemble et, par là, en la faisant exploser. La force stratégique et rhétorique du mouvement gay est d'arriver à retourner vers le système hétérosexiste cette non-identité que celui-ci lui attribuait sans le savoir. Ce qui permet de dissoudre la manière dont la majorité (hétérosexuelle) des individus comprend et vit sa propre vie sexuelle et amoureuse. Autrement dit, le *ni*-différencialiste, *ni*-assimilationniste rend possible la neutralisation du dispositif de sexualité, et permet de le dissoudre ou de le perturber.

Par le biais de cette revendication, est atteinte en son cœur la manière habituelle dont la majorité des êtres humains vit sa sexualité depuis des millénaires, manière rebaptisée hétérosexiste pour la disqualifier comme discriminatoire. Sous couvert d'une demande inoffensive formulée en langage démocratique, le lobby gay veut tout simplement *confisquer* cette compréhension sous-jacente à une pratique commune immémoriale. N'est-ce pas finalement l'enjeu que manifeste Marcela Iacub dans un texte utopique (prophétique ?) au ton, habituel chez elle, indissociablement cynique et ingénu ? « La seule issue qui est ouverte aux hétérosexuels pour finir avec le projet étatique de domestication massive de leur vie sexuelle et familiale n'est pas d'accorder d'une main généreuse et attendrie aux couples de même sexe le partage de leurs "privilèges", mais au contraire d'en profiter pour rendre la société française décidément et absolument gay[1]. »

Il nous reste donc à voir ce que signifie cette neutralisation du sexe, cette désexualisation des plaisirs et des corps ; de considérer ensuite en quoi elle est liée à la posture stratégique du « tout est politique ».

---

1.   « Mariage gay, hétéros libérés », *Libération*, 29 juin 2004.

9

LE « TOHU-BOHU »

À quoi travaillent les militants d'Act Up New York auxquels David Halperin se réfère ? Didier Eribon répond en reprenant un terme que Michel Foucault affectionnait : ils font exister du « tohu bohu ». Il indique que Michel Foucault utilisait ce terme « pour définir le type de mobilisations politiques diverses et multiples, sans unité et sans projet global, qui lui semblait incarner la meilleure manière de mener l'activité critique[1] ». Ce terme évoque bien l'état d'esprit et le but recherché par le lobby gay.

Créativité sexuelle contre assujettissement

La manière dont on peut sortir de l'assujettissement engendré par le dispositif de sexualité est un travail sur soi, un ensemble de pratiques, d'exercices par lesquels l'individu se constitue comme sujet dans un nouveau type de rapport à soi. C'est à l'occasion de ces deux autres tomes de l'*Histoire de la sexualité*, *L'Usage des plaisirs* et *Le Souci de soi*, que Michel Foucault réfléchit sur la manière dont un individu

---

1. « L'art de l'inservitude », *L'infréquentable Michel Foucault*, Paris, EPEL, 2001, p. 17.

peut se façonner lui-même. Il puise dans la tradition grecque et romaine de nombreux exemples et réflexions sur ces pratiques de soi, ces exercices spirituels. Parallèlement à ces ouvrages historiques (mais n'oublions pas que Michel Foucault pense l'histoire toujours selon des enjeux politiques), il explicite dans de nombreux entretiens ce qu'il entend par cette « esthétique de l'existence » et les nouvelles possibilités de plaisir et de rapports à soi.

Dans « Sexe, pouvoir et la politique de l'identité », il commence par s'opposer au dispositif de sexualité en affirmant que « le mouvement homosexuel a plus besoin aujourd'hui d'un art de vivre que d'une science (ou d'une pseudo-science) de la sexualité[1] ». Qu'entendre par cette expression « art de vivre » ? Répondre à cette question va donner une autre orientation à la sexualité. Celle-ci est « quelque chose que nous créons nous-mêmes — elle est notre propre création, bien plus qu'elle n'est la découverte d'un aspect secret de notre désir[2] ». Fidèle à sa critique de la « volonté de savoir », Michel Foucault récuse le caractère désintéressé d'une science qui aurait à révéler la vérité de notre désir et par là de notre subjectivité. La science est plutôt ce par quoi le sujet est constitué en objet de savoir et de discipline normalisateurs. Le renversement se condense dans cette formule : « Le sexe n'est pas une fatalité ; il est une possibilité d'accéder à une vie créatrice[3]. »

---

1. « Sexe, pouvoir et la politique de l'identité », *Dits et écrits*, t. IV, p. 735.
2. *Ibid.*
3. *Ibid.*

L'exhortation de *La Volonté de savoir* à s'affranchir du sexe n'est pas contradictoire avec cette proposition. Comment, en effet, s'affranchir de cette production du dispositif de sexualité ? Pour Michel Foucault, on ne peut se dégager du pouvoir au sens d'être hors de tout rapport de pouvoir. Il s'agit au contraire d'assumer cette situation en faisant jouer ses éléments pour la perturber ; c'est ce qu'il appelle résister. Le sexe peut être pris comme vecteur de résistance à l'assujettissement en devenant une possibilité de créer.

Mais créer quoi ? Michel Foucault souligne l'importance de s'affirmer comme homosexuel et de revendiquer des droits civiques, mais très vite il ouvre une voie pour aller plus loin. « Je crois que l'un des facteurs de cette stabilisation [de la situation concernant les mentalités vis-à-vis des homosexuels] sera la création de nouvelles formes de vie, de rapports, d'amitiés, dans la société, l'art, la culture, de nouvelles formes qui s'installeront à travers nos choix sexuels, éthiques et politiques. Nous devons non seulement nous défendre, mais aussi nous affirmer, et nous affirmer non seulement en tant qu'identité, mais en tant que force créatrice[1]. » On retrouve la tension entre identité et devenir, qu'Ève Kosofsky Sedwick articule comme identité non-identitaire, c'est-à-dire en tant que « force créatrice » qui jamais ne se résout à la fixité. On peut s'interroger sur la nature de la « stabilisation » dont parle Michel Foucault. Il s'agit en fait de l'imprégnation progressive du mode de vie gay dans la société. Il s'agit d'avoir une part active à la production du devenir historique. Ce sont les choix

---

1. *Ibid.*, p. 736.

sexuels, éthiques et politiques qui peu à peu créeront de nouvelles formes de vie et de rapports. Il y a
là une approche stratégique dont la revendication à
l'égalité des droits est selon nous une expression
directe.

Éloge du sado-masochisme

Quelles sont les autres formes que l'on peut
envisager ? Michel Foucault développe ce qui, pour
lui, représente un exemple emblématique de cette
force créatrice : les pratiques sadomasochistes (S-
M). D'emblée, il récuse la lecture psychanalytique :
« Je ne pense pas que ce mouvement de pratiques
sexuelles ait quoi que ce soit à voir avec la mise à
jour ou la découverte de tendances sado-masochis-
tes profondément enfouies dans notre inconscient.
[...] L'idée que le S-M est lié à une violence profonde, que sa pratique est un moyen de libérer cette
violence, de donner libre cours à l'agression est une
idée stupide[1]. » On constatera l'inexistence de tout
argument justifiant la mise à l'écart de ces discours
sur le S-M. Didier Eribon a donc de qui tenir
lorsqu'il discrédite une doctrine qui l'importune en
la traitant de pseudo-science ou de « succession de
sottises sentencieuses[2] » (en parlant de Jacques
Lacan). On peut penser néanmoins, dans le cas de
Michel Foucault, que son propos est l'application
stricte de sa critique du dispositif de sexualité, et
plus précisément son retournement, en cela fidèle au
type de résistance exercée par François-Paul Alibert.

Michel Foucault continue en développant ce
qu'il perçoit dans cette pratique, explication qui

---

1. *Ibid.*, p. 737.
2. *Une morale du minoritaire*, Paris, Fayard, 2001, p. 259.

tiendra lieu de réfutation des inanités psychanalyti-ques. « Je pense que le S-M est beaucoup plus que cela ; c'est la création réelle de nouvelles possibilités de plaisir, que l'on n'avait pas imaginées auparavant. Nous savons très bien que ce que ces gens font n'est pas agressif ; qu'ils inventent de nouvelles possibilités de plaisir en utilisant certaines parties bizarres de leur corps — en érotisant ce corps. Je pense que nous avons là une sorte de création, d'entreprise créatrice, dont l'une des principales caractéristiques est ce que j'appelle la désexualisa-tion du plaisir[1]. » Que faut-il entendre par « désexualiser le plaisir » ?

David Halperin considère que le plaisir n'est plus simplement d'origine génitale mais provient de multiples parties du corps qui sont érotisées[2]. Comme le fait remarquer le penseur américain Leo Bersani, affirmer cela n'est en rien contraire à la psychanalyse et même ne fait que reprendre les thèses développées par Sigmund Freud sur les zones érogènes. Comme il le souligne malicieusement, « la première tentative théorique importante pour désexualiser le plaisir n'était pas l'*Histoire de la sexualité* mais, quelques soixante-dix ans plus tôt, les *Trois essais sur la théorie sexuelle* de Freud[3] ».

Peut-être que « désexualiser » signifie, pour Michel Foucault, autre chose que la simple répétition de Freud ? Ne renverrait-il pas au renversement stratégique du dispositif de sexualité, c'est-à-dire à une forme de résistance ? Dans le S-M, l'expérience du plaisir ne se limite certes plus aux zones génitales

---

1. « Sexe, pouvoir… », *loc. cit.*, p. 737-738.
2. *Saint Foucault, op. cit.*, p. 101.
3. *Homos, repenser l'identité*, trad. par Christian Marouby, Paris, Odile Jacob, p. 121.

mais elle engendre une dissolution de l'identité, sa neutralisation. En effet, si on se souvient que l'identité subjective est synonyme d'assujettissement, le renversement du pouvoir n'induit-il pas un déplacement de l'identité ? L'identité S-M serait alors un modèle d'une identité non-identitaire. C'est ce que laisse entendre Michel Foucault en répondant à une question sur les identités se constituant autour de ces nouvelles pratiques. « Si l'identité n'est qu'un jeu, si elle n'est qu'un procédé pour favoriser des rapports, des rapports sociaux et des rapports de plaisir sexuel qui créeront de nouvelles amitiés, alors elle est utile[1]. » Le mot jeu est important car le S-M implique une mise en scène, des « règles » que l'on peut dire « du jeu », mais il faut aussi l'entendre comme faire jouer, faire bouger l'identité sexuelle déterminée selon l'ordre hétérosexiste. L'ordre hétérosexiste est lié au pouvoir normatif. Mais justement, n'est-ce pas le pouvoir qui est partie intégrante de l'expérience S-M ? Autrement dit, n'y a-t-il pas une contradiction à vouloir résister au pouvoir et à créer des plaisirs à partir de son exercice ?

« On peut dire, soutient Michel Foucault, que le S-M est l'érotisation du pouvoir, l'érotisation de rapports stratégiques. Ce qui me frappe dans le S-M, c'est la manière dont il diffère du pouvoir social. Le pouvoir se caractérise par le fait qu'il constitue un rapport stratégique qui est stabilisé dans des institutions. Au sein des rapports de pouvoir, la mobilité est donc limitée. [...] À cet égard le S-M est très intéressant parce que, bien qu'étant un rapport stratégique, il est toujours fluide. Il y a des

---

1.   « Sexe, pouvoir … », *loc. cit.*, p. 739.

rôles, bien entendu, mais chacun sait très bien que ces rôles peuvent être inversés. [...] Ce jeu stratégique est très intéressant en tant que source de plaisir physique. [...] Dans la vie hétérosexuelle, ces rapports stratégiques précèdent le sexe. Ils existent à seule fin d'obtenir le sexe. Dans le S-M, en revanche, les rapports stratégiques font partie du sexe, comme une convention de plaisir à l'intérieur d'une situation particulière[1]. » On retrouve dans ce texte la grande opposition entre la fixité et la mobilité. Or la mobilité des places assignées détruit, pour Michel Foucault, le dispositif de pouvoir. Non pas que le pouvoir soudainement s'évanouisse, mais l'identité n'est plus déterminée au sein d'un ordre intangible.

Le S-M est le symbole que le pouvoir peut toujours être retourné, que l'on peut toujours transformer la situation sociale dans laquelle on se trouve. De plus la possibilité de changer de rôle implique une mise à distance, une théâtralisation du pouvoir ; ce qui assujettit et objective est lui-même objectivé[2] et peut ainsi apparaître dans son fonctionnement.

On peut dire sans exagérer que le S-M révèle en miniature ce que le lobby gay essaye d'effectuer dans la société grâce à la revendication pour l'éga-

---

1. *Ibid.*, p. 742-743.
2. Ce mot « objectiver » renvoie à deux sens distincts qui sont néanmoins liés ici ; tout d'abord cela signifie être transformé en objet que l'on peut maîtriser et dont on peut jouir ; mais cela peut aussi renvoyer au fait de constituer une chose en objet de connaissance, avec l'idée de mise à distance (l'étymologie d'objet est « posé devant ») permettant d'appréhender. On retrouve donc le lien intime que Michel Foucault, à la suite de Friedrich Nietzsche, établit entre le pouvoir de maîtrise et le savoir.

lité des droits et à la critique du « pouvoir hétérosexiste » : court-circuiter celui-ci, en le manifestant comme mécanisme d'asservissement, et en le privant de sa plus grande source d'efficacité, son invisibilité. Car, c'est bien connu, ce qui est le plus évident passe inaperçu. Il est ce qui est le plus difficile à identifier et à nommer. Il jouit par là du privilège de « ce qui va sans dire ». Comment alors le manifester si ce n'est en créant un discours possible (droit au mariage et à l'adoption) au regard duquel il apparaît dans son implacable étrangeté, jusque là inconsciente, innomée et enfin révélée ?

Dépersonnalisation du plaisir

Dans le S-M, le pouvoir constituant l'identité sexuelle, et la place sociale qui lui est liée, est transformé en élément interne à la fabrication du plaisir. On a un renversement complet du rapport entre « sexe » et « pouvoir », renversement qui ne laisse pas indemne et inchangé chacun des deux termes. Au terme de *La Volonté de savoir*, Michel Foucault annonce que l'affranchissement du dispositif de sexualité se fait au bénéfice des corps et des plaisirs. Or nous avions noté comment le « sexe » était le vecteur essentiel de la constitution d'un sujet personnel assujetti. En quoi alors le plaisir peut-il dépersonnaliser l'individu ? Que signifie cette neutralisation du sujet qui semble être l'horizon de la création des possibles ? Pour répondre, Michel Foucault revient sur l'opposition entre désir et plaisir. « Je dirais schématiquement que la médecine et la psychanalyse se sont beaucoup servies de cette notion de désir comme précisément une espèce d'instrument pour la mise en intelligibilité, pour l'étalonnage par conséquent en termes de normalité d'un plaisir sexuel : "Dis-moi quel est ton désir et je te dirai qui tu es, je te dirai si tu es malade ou pas, je te dirai si tu es normal ou pas, et par conséquent je pourrai disqualifier ton plaisir ou au contraire le requalifier."[1] » Le désir est donc ce par quoi le pouvoir-savoir peut s'introduire en moi ; grâce à ce fil conducteur, il élabore une vérité à partir du discours. Ainsi, la pastorale chrétienne a incité le sujet à nommer ces désirs afin qu'il se connaisse en « vérité ». Cette « vérité » est normalisatrice et catégorisante.

En revanche, le plaisir peut être compris comme « un événement qui se produit hors sujet, ou à la limite du sujet, ou entre deux sujets, dans ce quelque chose qui n'est ni du corps ni de l'âme[2] ». Énigmatique formule ! Michel Foucault emprunte les accents de la tradition mystique. En effet, comment nommer ce dépassement du sujet, cette annulation de la distinction âme-corps et sujet-objet si ce n'est une extase ? À quelles pratiques concrètes de telles expériences peuvent-elles se référer ? Michel Foucault en cite au moins deux ; tout d'abord la prise de drogue : « Je pense que les drogues doivent devenir un élément de notre culture. En tant que source de plaisir. Nous devons étudier les drogues. Nous devons essayer les drogues. Nous devons fabriquer de *bonnes* drogues — susceptibles de produire un plaisir intense[3]. » La seconde est la pratique sexuelle dans les saunas ou *backrooms* : « Il est important qu'il y ait des endroits comme les saunas où, sans qu'on soit emprisonné, épinglé dans sa propre identité, dans son propre état civil, son

---

1. « Le Gai savoir », *La revue h*, n° 2, p. 44-45.
2. *Ibid.*
3. « Sexe, pouvoir... », *loc. cit.* p. 738.

passé, son nom, son visage, etc., on puisse rencontrer des gens qui sont là et qui ne sont pour vous, comme on est pour eux, rien d'autre que des corps, avec lesquels les combinaisons, les fabrications de plaisir les plus imprévus sont possibles. Cela fait absolument partie d'expériences érotiques qui sont importantes, et il est, je dirais, politiquement important que la sexualité puisse fonctionner comme cela. [...] Les intensités du plaisir sont bien liées au fait qu'on se désassujettit, que l'on cesse d'être un sujet, une identité. Comme une affirmation de la non-identité. [...] Et puis, il est finalement important de savoir, il faudrait savoir comme ça que n'importe où, dans n'importe quelle ville, il y a toujours une sorte de grand sous-sol ouvert à qui veut, au moment où on le veut, un escalier qu'il suffit de descendre, bref un endroit merveilleux où on se fabrique, pendant le temps que l'on veut, les plaisirs que l'on veut[1]. »

On voit à quel prix il faut acheter la création indéfinie de possibles ! Au prix de la production pur et simple du « tohu-bohu ». Ce terme est utilisé dans le deuxième verset de la Genèse pour décrire l'état du monde immédiatement après la création divine, avant que Dieu n'ait différencié les éléments pour mettre chacun à sa place. Selon Josy Eisenberg et Armand Abécassis, « c'est un monde qui n'a pas de sens — orientation et donc pas de sens — signification. On ne peut s'y orienter : toute pensée, toute action y seraient impossibles. La matière à l'état brut désoriente, parce qu'elle est semblable partout. L'homme ne dispose d'aucun repère pour la reconnaître et s'y reconnaître. Le tohu-bohu suscite un

---

1. « Le Gai savoir », *loc. cit.*, p. 51-52.

sentiment de malaise. Il est impensable, faute de références, de principes et de lois. Si on ne peut pas le penser, il reste à l'éprouver dans la stupéfaction[1] ». Comment nommer autrement cette persévérance à se fondre dans l'anonymat, à fabriquer des plaisirs à partir de la rencontre et de la combinaison hasardeuse de corps ?

On trouve ici une des racines de la relative tolérance que Michel Foucault exprime envers la pédophilie : « Après tout, écouter un enfant, l'entendre parler, l'entendre expliquer quels ont été effectivement ses rapports avec quelqu'un, adulte ou pas, pourvu qu'on écoute avec suffisamment de sympathie, doit pouvoir permettre d'établir à peu près quel a été le régime de violence ou de consentement auquel il a été soumis[2]. » Certes on peut, comme le remarque Éric Fassin, penser que Michel Foucault ici « somnole » car il ne problématise pas la présence du pouvoir dans la relation enfant-adulte[3]. Mais on peut aussi soutenir que ce texte, loin de manifester une incohérence, révèle plutôt que, dans une optique de plaisir dépersonnalisé et anonyme, les limites inhérentes à chaque sujet et à sa situation sont effacées, deviennent largement non pertinentes. Dès lors le consentement à des « rapports » suffit, quels que soient les termes de ces dits rapports. Le minimum requis est qu'ils soient aptes à produire des plaisirs possibles.

---

1. À *Bible ouverte*, Paris, Albin Michel, 1991, t. I, p. 42-43.
2. « La loi de la pudeur », entretien avec Jean Danet et Guy Hocquenghem, France Culture, 4 avril 1978, repris dans *Dits et écrits*, t. III, p. 776.
3. « Somnolence de Foucault. Violence sexuelle, consentement et pouvoir », *ProChoix*, n° 21, été 2002, p. 107-119.

À la suite de cette apologie d'une vie sexuelle anonyme et informe, on se demande si Michel Foucault n'est pas passé au-delà de la résistance politique. Ne l'a-t-il pas finalement abandonnée au profit des plaisirs ? En quoi, par exemple, le *fist-fucking* (pénétration de l'anus par un bras) est-il un acte politique ?

La fiction subvertit le réel

Nous connaissons le présupposé de la revendication gay pour le mariage et l'adoption : « Tout est politique. » À la suite de Friedrich Nietzsche, Michel Foucault perçoit toute institution, tout discours, toute pratique comme toujours déjà pris dans un rapport de forces dont il ne peut pas s'extraire. Face aux diverses disciplines scientifiques qui cherchent à dégager un savoir objectif et neutre, la critique gay opposera le soupçon du pouvoir hétérosexiste voilé qui classe, identifie, assujettit. Dans un tel cas, nous l'avons manifesté, la revendication pour l'égalité des droits repose sur une contradiction implicite. En effet, à la fois elle politise tout et récuse ce qui se présente comme une instance en dehors du politique permettant de fournir un critère pour éclairer et trancher la décision politique. Au nom de la démocratie, aucune limite ne peut être donnée *a priori* au champ de la discussion. Exclure de la délibération politique tel ou tel sujet, c'est effectuer un coup de force, donc de nature politique.

Mais alors, comme nous l'avons aussi souligné, sur quoi faire reposer la revendication à l'« égalité des droits » ? Celle-ci n'est-elle pas effectivement un principe antérieur au politique qui, par là, le régit avant même tout exercice législatif ? Si c'est le cas, il ne dépend pas du politique ; le politique ne fait que le *reconnaître* comme un fait constitutif de la condition humaine : tous les individus en tant qu'ils sont humains sont égaux. L'inscrire dans une Constitution ne signifie donc pas que ce principe soit une invention de la société en question, mais plutôt qu'elle entérine une donnée universelle.

Dans le même ordre de considérations, le discours « tout discours est politique » est-il lui-même politique ? La contradiction apparaît clairement. En effet, soit ce discours est politique, c'est-à-dire déterminé par des rapports de forces qui en produit la « vérité ». Auquel cas, il n'a justement plus aucun intérêt à être reçu par celui qui l'écoute car il n'est que le signe d'une position de pouvoir. En clair, le sociologue qui énoncerait, fidèle aux présupposés d'Éric Fassin, un tel discours (*tout* discours est politique) perdrait son statut de savant cherchant à connaître et à articuler des discours faisant avancer la science. Soit il n'est pas politique, mais alors le contenu universel signifié par « tout » est faux. Dans cette hypothèse, au moins un discours est universel et objectif, c'est-à-dire non politique, celui du sociologue ou du philosophe nietzschéen.

Le lobby gay, qui repose sur le présupposé que « tout est politique », profite de l'invisibilité de sa contradiction interne. Le lobby gay est le seul à se situer en dehors du politique. Ses membres épousent la figure de l'initié au Savoir Absolu ou à la Science, qui voit le monde social du haut de sa tour d'ivoire et disqualifie tout discours autre comme un point de vue situé et intéressé. Nous avons d'ailleurs constaté que le terme de « lobby gay », qui renvoie à des rapports de forces politique, était récusé par les gays eux-mêmes et interprété comme signe du pouvoir hétérosexiste.

Mais comment comprendre alors que les esprits intelligents dont nous avons analysé les écrits ne perçoivent pas cette contradiction flagrante ? Est-ce nécessairement de la mauvaise foi ? N'est-ce pas plutôt nous qui présupposons que toute dénonciation politique doit être effectuée au nom d'un ordre, d'une vérité lui préexistant ? Ce serait alors nous qui effectuerions une pétition de principe en dénonçant chez le lobby le non respect d'une exigence logique qui ne serait propre qu'à nous ?

Tout bien réfléchi, il y aurait une possibilité pour que la critique à laquelle nous venons de procéder soit effectivement inefficace. Cette possibilité peut être formulée comme une hypothèse. Et si, en fait, le lobby gay ne cherchait pas l'égalité des droits, mais bien autre chose ?

La critique que Ève Kosofsky Sedwick fait, à la suite de Michel Foucault, de l'identité sexuelle est menée au nom d'une identité en perpétuelle devenir, ouverte sur l'invention de nouveaux possibles. Le discours gay n'est pas donc gouverné par la recherche de la vérité. Car pour parler de vérité au sens traditionnel du terme, il faut une certaine stabilité du réel sur lequel porte la connaissance. Sinon, celle-ci ne peut pas se constituer comme connaissance. Or dans la pensée de Michel Foucault et de ses épigones, la hantise du fixe, de l'immuable, de l'ordre est telle que le soupçon et la critique ne sont jamais formulés à l'aune d'un principe universel (et donc soustrait au devenir historique), tel que l'égalité des droits. Et pourtant leur revendication utilise le vocabulaire des droits de l'homme, impliquant un universel. Comment, encore une fois, échapper à la contradiction ?

Si le critère de leur discours n'est pas la vérité d'un principe pris en dehors du champ politique, quel statut les gays donnent-ils à leur propos ? Finalement que font-ils lorsqu'ils parlent ou écrivent des manifestes ? Écoutons Michel Foucault : il nous met sur la voie. « Il me semble qu'il y a la possibilité de faire travailler la fiction dans la vérité, d'induire des effets de vérité avec un discours de fiction et de faire en sorte que le discours de vérité suscite, fabrique quelque chose qui n'existe pas encore, donc "fictionne". On "fictionne" de l'histoire à partir d'une réalité politique qui la rend vraie, on "fictionne" une politique qui n'existe pas encore à partir d'une vérité historique[1]. » Le discours est donc une arme car il produit des effets politiques. Le discours de Michel Foucault est politique et il s'assume comme tel. Il ne cherche pas la vérité, il cherche à produire des ébranlements par la création de possibles, de fictions[2]. Michel Foucault fait de l'histoire, au sens où il en raconte.

Là où est installé un ordre pris comme définitif et stable, adossé à un discours orthodoxe reçu comme vrai, Michel Foucault va émettre un autre discours, il va inventer un possible au regard duquel l'ordre installé va devoir se dévoiler, bref va devoir se repositionner, bouger. On peut penser que la revendication pour le mariage gay et l'adoption homoparentale procède de cette pratique contre-discursive,

---

1. « Les rapports de pouvoir passent à l'intérieur des corps », *Dits et écrits*, t. III, p. 236.
2. Éric FASSIN voit chez Michel Foucault une « esthétique de l'invention sociale », permettant de penser ce qui est en jeu, via le droit, dans cette revendication au mariage et à la filiation (« Lieux d'invention — l'amitié, le mariage et la famille », *Vacarme* n°29, automne 2004, p. 120-123).

ce que Michel Foucault nomme résistance. Peu importe, dans une telle optique, qu'elle soit portée par un ensemble de propositions qui se révèle à l'examen contradictoire. Ce qui est recherché, c'est la réouverture indéfinie des possibles qui ne cessent de se jouer des limites, des différences et des identités. À la manière des pratiques sexuelles qu'ils valorisent comme création de possibles toujours nouveaux, les gays radicaux veulent en revendiquant le mariage et la filiation créer du tohu-bohu. Il y a un mot moins biblique qui dit en même temps ces préoccupations sexuelles et politiques et qui peut résonner au terme de ce décryptage. Finalement, on pourrait dire que ce qu'ils veulent vraiment, c'est foutre le bordel !

Annexe

MANIFESTE POUR L'ÉGALITÉ DES DROITS

Paru dans *Le Monde*
du 17 mars 2004

« L'agression dont a été victime Sébastien Nouchet, brûlé vif parce qu'homosexuel, a soulevé une vague d'émotion et d'indignation. Elle a fait prendre conscience de quelle haine les gays, les lesbiennes, les transsexuel(le)s pouvaient faire l'objet en France comme ailleurs. Il semble qu'un large consensus se dessine aujourd'hui pour organiser la lutte contre l'homophobie (il conviendrait cependant de ne pas oublier la lutte contre la transphobie). Mais nombre de ceux qui se déclarent prêts à soutenir des projets législatifs visant à pénaliser les injures homophobes ou les incitations à la haine et à la discrimination sont les mêmes qui hier s'opposaient aux avancées de l'égalité des droits et notamment au PaCS.

Qu'en est-il aujourd'hui ? Donner une définition restrictive de l'homophobie, en ne dénonçant que la haine à l'encontre des homosexuels, et non pas toute politique discriminatoire à leur égard, reviendrait à permettre à nombre d'homophobes de faire part de leur compassion et de s'auto-décerner des brevets de tolérance et de progressisme tout en refusant, comme auparavant, toute avancée vers l'égalité des droits. Il nous semble en effet homophobe et discriminatoire de refuser l'accès des gays et des lesbiennes au droit au mariage et à l'adoption, de refuser l'accès des lesbiennes ou des femmes célibataires à la procréation médicalement assistée. Nous nous sommes réjouis de l'instauration du PaCS et nous sommes très attachés à ce cadre juridique, souple et commode. Mais il n'est qu'un élément dans la reconnaissance des couples de même sexe, qui doivent pouvoir bénéficier, s'ils le désirent, des mêmes droits que les couples hétérosexuels.

Le maire de San Francisco l'a récemment rappelé, par un geste spectaculaire : la constitution de l'État de Californie comme la constitution américaine interdisent la discrimination et garantissent l'égalité des citoyens. Au cours des dernières années, les Cours suprêmes de l'Ontario, de la Colombie britannique, au Canada, et du Massachusetts aux États-Unis, ont également statué que l'interdiction du mariage homosexuel violait le principe constitutionnel d'égalité des droits. Les parlements de Belgique ou des Pays-Bas ont instauré le droit au mariage pour les couples de même sexe. La constitution française pose elle aussi le principe fondamental de l'égalité de tous devant la loi. Ce principe n'est pas appliqué puisque des droits fondamentaux comme le droit de se marier sont refusés aux gays et aux lesbiennes. Nous demandons donc aux juges français de suivre l'exemple de l'Ontario, de la Colombie britannique et du Massachusetts. Nous demandons aux parlementaires de suivre l'exemple des Pays-Bas, de la Belgique. Nous demandons aux maires des communes de France de suivre l'exemple donné par le maire de San Francisco et de célébrer des unions entre personnes du même sexe. »

Premiers signataires

Clémentine Autain (adjointe au maire de Paris, chargée de la jeunesse), Christine Bard (historienne), Philippe Bataille (sociologue), Pierre Bergé (Président de la Fondation Pierre Bergé Yves Saint Laurent), Jane Birkin (chanteuse), Daniel Borrillo (juriste), Jacques Boutault (maire du 2ᵉ arrondissement de Paris), Robin Campillo (cinéaste), Laurent Cantet (cinéaste), Patrick Cardon (directeur du Centre de documentation GayKitschCamp, Lille), Sylvie Chaperon (historienne), Jacques Derrida (philosophe, directeur d'études à l'École des hautes études en sciences sociales), Catherine Deschamps (sociologue), Thomas Doustaly (directeur de la rédaction de *Têtu*), Florence Dupont (professeur à l'université de Paris VII), Didier Eribon (philosophe), Éric Fassin (sociologue), Jeanne Favret-Saada (anthropologue), Michel Feher (philosophe), Laurent Ferron (historien), Olivier Fillieule (sociologue), Geneviève Fraisse (directrice de recherche au CNRS, députée européenne), Jean-Paul Gaultier (couturier), Françoise Gaspard (sociologue), Christophe Girard (adjoint au maire de Paris chargé de la culture et conseiller général), Bertrand Guillarme (philosophe), Frédéric Haboury (éditeur), Marie-Elisabeth Handman (anthropologue, École des hautes études en sciences sociales), Christophe Honoré (écrivain et cinéaste), Fabrice Hybert (artiste), Jean-Baptiste Joinet (maître de conférences à l'université de Paris I), Pierre Lascoumes (directeur de recherche au CNRS), Élisabeth Lebovici (critique d'art), Rémi Lenoir (sociologue, directeur du Centre de sociologie européenne), Nathalie Magnan (professeur à l'École des Beaux-Arts de Dijon), Noël Mamère (député-maire de Bègles), Philippe Mangeot (enseignant, rédacteur en chef de la revue *Vacarme*), Arnaud Marty-Lavauzelle (médecin, ancien président de Aides), Dominique Mehl (sociologue), Caroline Mécary (avocate), Janine Mossuz-Lavau (politologue, directrice de recherche au CNRS), Marc Morel (Sida Info Droit), Laure Murat (historienne), Monique Nemer (éditrice), Michelle Perrot (historienne, professeure émérite à l'université de Paris VII), Emmanuel Pierrat (avocat), Pierre et Gilles (artistes), Yann Pedler (avocat), Evelyne Pisier (politologue, professeure à l'université de Paris I), Thierry Pitois-Étienne (magistrat), Sabine Prokhoris (psychanalyste), Karim Ressouni-Demigneux (historien d'art), René Schérer (philosophe, professeur émérite à l'université de Paris VIII), Olivier Séguret (journaliste), Geneviève Sellier (professeure en études cinématographiques à l'université de Caen), Claude Servan-Schreiber (journaliste), Georges Sidéris (historien), Lionel Soukaz (cinéaste), Florence Tamagne (historienne, maîtresse de conférences à l'université de Lille III), Benoît Tuleu (bibliothécaire), Michel Tort (psychanalyste), Alain Touraine (sociologue, École des hautes études en sciences sociales), Agnès Tricoire (avocate), Michel Tubiana (président de la Ligue des droits de l'homme), Eleni Varikas (maîtresse de conférences à l'université de Paris VIII), Paul Veyne (professeur honoraire au Collège de France).

INDEX

9 782708 133235